カオスなSDGs グルっと回せばうんこ色

酒井 敏
Sakai Satoshi

a pilot of wisdom

目次

カオスに秩序をもたらすスケールフリーネットワーク／友人の数は正規分布しない／中心がないからこそ頑健性を持つネットワーク／「原因」と「結果」のフィードバックループ／全体でベクトルの向きを揃えるのは危険／サステナブルだが必然的に「格差」を生み出す資本主義経済／不平等は平等にやってくる／社会の暴走を防ぐリミッターとしてのSDGs／サルと一緒には暮らせないヨーロッパ人／グローバル化は社会から自由度を奪う

第五章　日本社会の自由度をいかに高めるか

もっともらしい仮説に対しては慎重にブレーキを／大胆なアクセルが科学を進歩させることもある／科学には少数派の「天の邪鬼」が必要／SDGsはローカルな事情に合わせるべし／企業のステークホルダーは株主だけではない／従業員の自由度を高めることで組織が強くなる／「副業」が会社を活気づける／

プロローグ　「キレイ」なSDGs

SDGsは現代社会最大のキレイゴト?

キレイゴトとは、考えてみると不思議な言葉です。「キレイ」なのは基本的に良いことのはずなのに、「ゴト」がつくと肯定的な意味では使われません。辞書を引いてみると、〈現実を無視して、表面だけを取り繕うこと〉〈体裁ばかりで現実味のない事柄〉などと書いてあります。リアリティに欠ける理想論、といったところでしょうか。

もちろん、理想論はほとんどの人が望んでいることを言っているので、頭ごなしに全面否定するわけにもいきません。しかし、素直に「そうだそうだ!」と賛同するのは躊躇《ちゅうちょ》してしまう。「それはまあ、そうなんだけど……」と、聞く人の口をモゴモゴさせるのが、キレイゴトというものです。たとえば、こんな台詞《せりふ》が典型かもしれません。

「みんなが武器を捨てて仲良くすれば、明日にでも戦争のない平和な世界になる！」

たしかに、間違ってはいません。小学生にこう言われたら、とりあえず「うんうん、そうだよね」と言うしかないでしょう。

でも、現実の世界はそう簡単にはいきません。キレイゴトの向こう側には、子どもには説明しにくい「大人の事情」というものがあります。隣国を侵略している国の大統領に向かって「戦争は悪いことだから武器を捨てませんか？」と提案したところで、どうにもならないでしょう。誰もが平和を願いつつ、しかし武器を捨てることもなかなかできない。だから、みんなでアレコレと知恵をしぼりながら四苦八苦しているわけです。

キレイゴトには存在意義がない、と言いたいわけではありません。むしろ、誰もキレイゴトを口にしなくなってしまったら、希望の見えない殺伐とした世の中になるような気もします。キレイゴトを言うだけでは何も変わらないけれど、大人の事情（＝リアリズム）だけでも世の中は動かない。それも確かでしょう。

いまは多くの企業が「ビジョン」と呼ばれる独自の理念や目標を掲げています。それも、大半はキレイゴトかもしれません。たとえば電気自動車で有名な米国テスラ社のビジョンは、「化石燃料に依存する文明のあり方に終止符を打つ」というもの。なんとも大きな風呂敷を広げたものですが、こういう無茶ぶりのような理想論があるからこそ、それを少しでも具体化するための知恵も出てくるのだろうと思います。

そんなわけですから、キレイゴトとのつき合い方は、どうにも一筋縄ではいきません。否定も肯定もできずに、モヤモヤしてしまいます。そして、いまの社会で多くの人々をモヤモヤさせている最大のキレイゴトのひとつが、本書のテーマである「ＳＤＧｓ」ではないでしょうか。

キレイなだけのものはオモロない

二〇一五年に国連総会で採択されたＳＤＧｓ（Sustainable Development Goals＝持続可能な開発目標）では、国際社会が二〇三〇年までに達成すべき一七の目標が掲げられました。それをまとめて表現したのが、それぞれの目標を表す一七色をぐるりと並べた鮮やかなシンボルマークです。キラキラと輝くまさに「キレイ」なピンバッジを襟元などにつけて歩く人も目立つようになりました。

SDGsの17の目標

1. 貧困をなくそう
2. 飢餓をゼロに
3. すべての人に健康と福祉を
4. 質の高い教育をみんなに
5. ジェンダー平等を実現しよう
6. 安全な水とトイレを世界中に
7. エネルギーをみんなに そしてクリーンに
8. 働きがいも経済成長も
9. 産業と技術革新の基盤をつくろう
10. 人や国の不平等をなくそう
11. 住み続けられるまちづくりを
12. つくる責任つかう責任
13. 気候変動に具体的な対策を
14. 海の豊かさを守ろう
15. 陸の豊かさも守ろう
16. 平和と公正をすべての人に
17. パートナーシップで目標を達成しよう

しかしそういう人も、会社の決まり事としてバッジをつけてはいるものの、内心では何かすっきりしないものを抱えているかもしれません。「私はいまキレイゴトを言っています！」と宣言しているような気恥ずかしさを感じている人も多いだろうと思います。

私自身、もし誰かにあのバッジをつけてくれと頼まれたら、きっと困惑するでしょう。苦笑いを浮かべながら、「申し訳ないけどご勘弁ください」と、丁重にお断りするかもしれません。

たしかに、ＳＤＧｓが掲げる一七の目標は、いずれもごくまっとうなものです。真正面から強く反対する理由はとくにありません（なにしろキレイゴトとはそういうものです）。でも、大学で教育や研究に携わる身としては、「ＳＤＧｓはすばらしい！」と諸手《もろて》を挙げてそのムーブメントに加わろうという気持ちにはなりにくいのです。

これは、学生時代から四〇年以上も京都大学で過ごしてきたがゆえの性分のようなものかもしれません。こんな言い方をすると、真面目《まじめ》に取り組んでいる方々には叱られそうですが、ひとことで言えば、ＳＤＧｓは私にとって「オモロない」のです。

先ほど、「キレイ」は基本的に良いことだと言いました。でも、この言葉は必ずしも良い意味だけでは使われません。たとえば美術の世界では、師匠が弟子の絵に対して「キレイに描けてはいるけど、何かが足りない」といった言い方をすることがあると思います。技術的にはそれなりに高いレベルでも、人の心を動かすインパクトに欠ける。そんなニュアンスでしょうか。実際、私のような素人が見ても、「キレイなだけで、とくに面白くはない絵」はあります。

つまり「キレイ」という言葉には、「整っている」という意味合いが含まれている。辞書の「キレイゴト」の説明にも「体裁ばかり」という言葉がありました。そして、物事は体裁の整った秩序正しい状態がいつも良いとはかぎらない。どこか破綻や乱れのようなものがあったほうが、価値を持つことがあります。

それは芸術だけではありません。学問もそうです。私は京大に入学した当初、何人もの先生方に「アホなことせえ」と言われました。最初は「真面目に勉強しようと思って入学したのに、何を言い出すんだ」と面食らいましたが、この「アホ」には「従来の常識にとらわれるな」という意味が込められています。

先人たちが積み上げてきた「常識」を身につける高校までの勉強と違って、大学でやる学問や研究は、いままで誰も知らなかった新しいものを探究する営みです。そのためには、秩序正しく敷かれたレールの上を走るだけではいけません。どこかで「アホやなぁ」と言われるような逸脱がないと、人とは違う場所にたどり着けないのです。

京大が掲げてきた「自由の学風」とは、そういう逸脱を奨励するものだと言えるでしょう。誰も考えなかった「アホ」なことを始めても、京大では「そんな研究が何の役に立つんだ」などとは言われませんでした。むしろ「そりゃあオモロいなぁ」と褒められる。逆に、たとえ役に立つことであっても、誰でも思いつくようなキレイに整った研究は「オモロない」とそっぽを向かれてしまうのです。

あらかじめ「ゴール」を設定されたSDGsは、まさに敷かれたレールの上を走るようなものだと言えるでしょう。もちろん、そういう明確な目標に向けて真面目に研究に取り組む人たちも世の中には必要です。でも、長く京大で過ごしてきた私自身にとっては、オモロない。秩序が整いすぎていて自由がない、とも感じます。だから、積極的にそのレールに乗りたいとは思わないのです。

法律はすべて守ればいいわけではない!?

ただしその京大も、近年は「自由の学風」が色褪《いろあ》せてきました。その背景には、日本社会が大学に求めるものが変わってきたという事情があります。

というのも、いまの日本は、経済に余裕がありません。だから政府としては、効率的にイノベーションを起こしたい。そのために、すぐ役立ちそうな研究に資金を優先的に投入する。いわゆる「選択と集中」です。

その傾向がどんどん強まってきたことで、何の役に立つかわからない研究はやりにくくなってしまいました。そのため京大でも、「オモロいアホ」が影を潜めて、敷かれたレールの上で真面目にやっていく研究者が増えてきたのです。

しかしイノベーションは、「選択と集中」のような計画的なやり方だけで起こせるものではありません。それはこの世界が予測不能な「カオス」だからなのですが、それについてはのちほど詳しくお話ししましょう。ともかく、何の役に立つかわからなかった研究から生まれた発見が、予想もしないところで別の何かと結びつくことはめずらしくありません。そこから画期的なテクノロジーが誕生することもあるのです。

ですから、せめて「自由の学風」の伝統を持つ京大では、常識にとらわれない研究文化を廃《すた》れさせたくない――そんな思いから、私は二〇一七年に「京大変人講座」と名づけたイベントを立ち上げました。京大らしい非常識でオモロい研究をしている先生方を招いて、学生や企業関係者などに話をしてもらう公開講座です。

その変人講座を始めるきっかけになった、ある研究者の言葉を紹介しましょう。ＳＤＧｓのことを考えるとき、私はいつもこれを思い出します。

「法律は、真面目にすべて守ればいいというものではないんですよ」

こんな話をしてくれたのは、当時、京大大学院の人間・環境学研究科准教授だった那須《なす》耕介《こうすけ》さんです。「だった」と過去形にせざるを得ないのは、本当に残念でなりません。那須さんは教授となり、二〇二一年九月に、若くして病気のために亡くなってしまいました。

那須さんの専門は、法哲学です。その分野の専門家が「法律は守らなくてもいい」と言うのですから、私はビックリしてしまいました。いかにも常識破りのオモロい話です。ふだん文系の研究者とはあまり接点がないのですが、文系の中でもいちばん堅苦しそうな法哲学の専門家がこんなことを言うのは、じつに意外で興味深い。そういう話こそ、「自由の学風」を謳《うた》う京大が世の中に大きな声で語るべきではないかと思い、変人講座をやろうと思うようになったのです。

では、その「非常識」な言葉はどういう意味なのか。那須さん曰《いわ》く、法律を真面目に守りすぎると、時におかしなことになる。その例として彼が挙げたのは、PL法（製造物責任法）でした。製造物の欠陥から消費者を守るためにつくられた法律です。

その法律ができたことで、メーカーが製品につける取扱説明書はやたらと分厚いものになりました。事故が発生したときに生じる賠償責任を回避するために、たとえば「猫を電子レンジに入れないでください」などといったことまで書くようになったからです。

その結果、どうなったか。あまりに分厚くて面倒くさいので、誰も取扱説明書を読まなくなりました。そのため、かえって事故のリスクが高まった。消費者を守るために制定されたはずの法律が、消費者を危険にさらす結果になってしまったわけです。

一七の目標に生じるトレードオフ

このように、良かれと思ってつくった法律が、かえって悪い結果を生むことがある。そうなってしまう最大の理由は、「誰も全体を把握していない」ことでしょう。

これも「カオス」と関係のある話なのですが、自然界も人間の社会もきわめて複雑なシステムになっているので、何と何がどこで結びついて、どのような相互作用を生み出すかは予測できません。ある事象が思いがけない流れで別の事象に影響を与えることで、「風が吹けば桶屋《おけや》が儲《もう》かる」のような想定外の現象が、いくらでも生じ得ます。だから、ある一部分に着目して「これでうまくいくはずだ」と思われた法律が、想定とはまったく逆の結果をもたらしてしまうこともあるわけです。

ＳＤＧｓにも、同じことが言えるのではないでしょうか。ひとつひとつの法律が正しく見えるのと同様、ＳＤＧｓの一七の目標も、ひとつひとつ見れば何も問題はありません。しかしその中には、お互いに矛盾を生じかねないものもあります。ある目標を達成しようとすると、別の目標の達成を邪魔してしまう（つまりトレードオフが生じてしまう）おそれがあるのです。

たとえば、ＳＤＧｓの二番目に「飢餓をゼロに」という目標があります。これを達成するには、農業の効率化による生産増大が必要でしょう。そのためには、農薬をいまよりも多く使うことも必要かもしれません。ところが、これは三番目の目標である「すべての人に健康と福祉を」という目標と矛盾しそうです（この目標の具体的な達成基準の中には「有害化学物質や大気・水質・土壌の汚染による死亡や疾病の数を大幅に減らす」という項目もあります）。

一七の目標のあいだにこうしたトレードオフが生じる可能性があることは、国連でＳＤＧｓを設定した人々も認識しているでしょう。それでもあえて「キレイゴト」を掲げることで、社会を変えるきっかけにしたいのだと思います。逆に、ある目標の達成を目指すと、別の目標も達成に近づくという相乗効果もあり得るので、それはそれでいいでしょう。

しかし、どこでどういうトレードオフが生じるかは、誰にも完全には予測できません。想定外の矛盾が噴出して、ＳＤＧｓ全体のバランスがおかしくなってしまう可能性だって、まったくないわけではないのです。

こういうことが起こるのは、先に書いたように人間の社会が「誰も全体を把握していない」一種の生態系として成り立っているからです。自然界の生態系では、何らかの環境変化が起こると、その影響を受けた種が何らかの対応をして、その影響がまた別の種におよぶということが起こります。そういう影響の連鎖が何周か回って、最終的には全体としてだいたい辻褄《つじつま》の合う状態に落ち着くのですが、これには時間がかかるので、必ずうまくいくとはかぎりません。途中で生じた矛盾を修正する時間がないと、悪循環に陥って全体が破綻することにもなりかねないのです。

ちなみに、那須さんが京大変人講座の第二回に登壇したときのテーマは「安全・安心が人類を滅ぼす」というものでした（三笠書房刊『京大変人講座』に収録されています）。ビックリするような逆説ですが、たとえば「食の安全・安心」を守るために法律をつくると、みんなが「安心」してしまい、冷蔵庫の食べ物が本当に「安全」かどうかを自分の鼻や舌で確かめなくなるので、人間としての生きる力が損なわれる。先ほどのＰＬ法と似た話ですが、よりうまく生きるために安全・安心を追求した結果、かえって人類が滅亡に近づくということも考えられるわけです。これもやはり、誰も本当の正解は知らないのに、誰かが正しいことを知っていると信じて、自分で判断することを忘れている。それによって、社会全体が危険にさらされるということです。

SDGsと「ぼちぼち」つき合っていく方法

人間社会には、そういうことが常に起こり得ます。ＳＤＧｓに取り組むときには、そのことを忘れるべきではありません。誰にも全体は見えていないから、何が正解かはよくわからない。一七の目標をすべて完璧に達成することなど、まず不可能です。

だからといって何もしないわけにもいかないでしょう。私自身、そうは言いながらも、諸事情あって、大学でＳＤＧｓと関わらざるを得ない立場になりました。モヤモヤしながらも一七色のバッジをつけている人と似たような立場かもしれません。そこで私が思い出すのは、京大名誉教授だった数学者の言葉です。

「ぼちぼちでええんや。そのほうがうまくいく」

もうおわかりの方も多いかもしれませんが、言葉の主は、数々の名エッセイでも知られた森毅《つよし》さん。森さんこそが、京大的な「変人」の代表選手のような存在かもしれません。教員時代は、授業を教室でやらずに、京大構内に植えられている木の下に学生たちを集めていたこともあったそうです。どの木の下でやるのか知らされないので、学生たちは先生のいる木を探してウロウロしていたとか。「ぼちぼち」というより「気まぐれでテキトー」という感じでしょうか。

そんな森さんが言いたかったのは、「未来は何が起こるかわからないから、計画を立てて完璧にやろうと思ってもそうはいかない」ということでしょう。むしろアバウトに「ぼちぼち」やっていくと、どこかでなんとなく辻褄が合って、いい塩梅《あんばい》に落ち着いていく。全体の辻褄が合うまでには時間がかかるので、「ぼちぼち」が重要なのです。のちほど紹介しますが、これは「カオス理論」と同じく複雑系の研究から生まれた「スケールフリーネットワーク」という考え方にも通底するものです。

ＳＤＧｓも、そもそも全体が見えないのですから、何が「完璧」なのかもわかりません。

一七個の目標は明確ではあるものの、全体としての「ゴール」がどこにあるのかは誰にも見えていない。ですから、様子を見ながら「ぼちぼち」と取り組んでいくしかないのです。

あえてひとことで言ってしまえば、ＳＤＧｓとは「みんなで楽しく幸せになろう」という話だと私は思っています。それはそれで、方向性としてはすばらしい。では、この壮大なキレイゴトといかに「ぼちぼち」つき合っていけばよいのか。それを、本書を通じて考えていきたいと思います。

第一章　危ういＳＤＧｓ

なぜ京大でSDGsに関わったか

何を「オモロい」と思うかは、当たり前ですが人それぞれです。京大では「オモロい研究」が尊ばれますが、みんなが「それオモロいな」と感じるテーマは、ある意味でツマラないかもしれません。逆に、みんなが「オモロない」と思うことに「オモロい」を見出《みいだ》す人もいるでしょう。人がどう言おうと、自分が「オモロい」と思えればいいのです。

こういう言い方をすると、「そんないい加減な」と思う人もいるかもしれません。しかし、研究とは他人がやったことがないことをやることです。何が正しいかは、あらかじめわかりません。そこで頼りになる行動規範が「オモロい」なのです。

この規範は、「誰も全体を把握していない」生態系でも重要です。何が正しいかわからないのですから、「正しさ」を求めるのは、ないものねだり。「正しさ」とは、うまく回っている生態系の中で、あとから人間がつけた理屈にすぎません。自然界の生物は、そんな理屈は知らずに生きています。「オモロい」は、そんな生態系で生きていくための、生物の本能なのだと私は思っています。

さて、私にとってSDGsはあまりオモロいものではありませんが、京大にも、SDGsというテーマに「オモロい」を見出して本気で取り組んでいる研究者はいます。まったく興味がなかった私をSDGsに巻き込んだのも、その先生でした。大学院地球環境学堂准教授の浅利美鈴《みすず》さんです。

地球環境学堂は、その名のとおり環境問題をテーマとする大学院。SDGsも環境問題が大きな柱のひとつですから、当然、研究対象になるわけです。

浅利さんは、もともと「家庭ゴミ」の研究をしていました。たとえば京都市が回収したゴミを大量に集めて漁《あさ》りまくり、未開封のまま捨てられた食品がどれだけあるかといったことも調べたそうです。学生時代には、「京大ゴミ部」を創設。キャンパス内の環境改善活動を行い、紙ゴミや電気の消費をマネジメントする方法や、それを学内に導入する際の手順をまとめるなどして資料をつくり、京大総長に提言書を渡したこともあるといいますから、オモロい人であることは間違いありません。

その浅利さんにSDGsがらみの仕事を相談されたのは、二〇一七年頃のことだったと思います。浅利さんはSDGsに関するオープンラボ（公開講座）やディスカッション、調査、提言、情報発信などを手がけていますが、一七の目標を定めたSDGsは範囲が広いので、彼女ひとりではさまざまな分野に関心を持つ学生たちに対応しきれません。それで私にも、何か担当してほしいというわけです。

SDGsという言葉は聞いたことがありましたが、ちゃんとその内容を見たのはそのときが初めてでした。しかし当然ながら（?）、とくに興味はわきません。そもそも直感的に「オモロないキレイゴト」だと感じていたから、それまで詳しく知ろうとはしなかったわけです。だから最初は「僕はそんなのやらないよ」と突っぱねようかとも思いました。

それでも最終的に引き受けたのは、SDGsに取り組もうとしている学生たちのことがちょっと心配になったからです。まず、ＳＤＧｓのようなものに積極的な若い人には多少なりとも純粋なところがあるので、教員としてはその動機や行動を否定したくはありません。それこそ「武器を捨てれば戦争はなくなる」という小学生の意見は、とりあえず「そうだね」と肯定的に受け入れたほうがよいのと同じこと。背中を向けるのではなく、彼らの純粋さをいったん受け止めようと思いました。

とはいえ、大学生は小学生とは違います。キレイゴトの裏にある「大人の事情」も知らなければいけないでしょう。法哲学者が法律を守ることに疑問を抱いたりするのが、学問というものです。ＳＤＧｓも、まっすぐに受け入れて行動するだけでは学問になりません。

お祭り好きなタイプの浅利さんは、先頭で旗を振って学生たちをどんどん海外に行かせたりします。しかし若い人は正義感が強いので、そこにある矛盾には目もくれずに「ＳＤＧｓ絶対主義」的な突っ走り方をしないともかぎりません。浅利さん自身も、そこは危惧していました。ですから、学生たちの中での理想と現実のバランスを取るためにも、私のようなひねくれた教員も加わったほうがいいだろうと考えたのです。

二酸化炭素は「毒」にも「栄養」にもなる

ある年のＳＤＧｓに関するオープンラボでは、集まった学生たちに教員側から何かひとつクイズを出してから話を始めることになりました。そこで私が用意したのは、一枚の写真です。

私は二〇二一年四月から、静岡県立大学の副学長を務めています。その関係で県立農林環境専門職大学を訪れたときに、メロン栽培のビニールハウスを見学しました。京大の学生たちに見せたのは、そこで撮った写真です。

その写真では、メロンを栽培しているハウスの中に、ビニール製の筒が通路に沿って吊《つ》るしてあります。それが、ハウスの外にあるボイラーとつながっている。「さて、これは何でしょう?」というわけです。

正解は、二酸化炭素ダクト。ボイラーから出る排ガスを、栽培しているメロンにたっぷりと与えているわけです。答えを聞いた学生たちは、みんな絶句していました。ＳＤＧｓが始まる前から、地球温暖化や気候変動の元凶と目される二酸化炭素は、あたかも「毒」

であるかのようなイメージを持たれています。SDGsでも「気候変動に具体的な対策を」が一三番目の目標として掲げられていますから、やはり嫌われる。なくすことばかり考えて、それを「使う」ことは思いつかないのでしょう。

でも、二酸化炭素そのものはべつに毒ではありません。むしろ植物にとっては、光合成に不可欠な「ご馳走《ちそう》」です。そして、その光合成から排出される酸素が、私たちにとっては生きるのに欠かせない「ご馳走」になる。視野を狭《せば》めて、人間の都合だけで「脱炭素」ばかり考えていると、そういう自然界の大きな循環が見えません。

それに、地球の長い歴史を振り返れば、そもそも酸素のほうが生物にとって「猛毒」でした。というのも、最初の生命が誕生したとされる四〇億年前は、まだ大気中に酸素がほとんど含まれていなかった時代です。ところが、いまから二八億年ほど前にシアノバクテリアという生物が登場し、光合成を始めました。光エネルギーを使って水と空気中の二酸化炭素から炭水化物をつくるようになったのです。

その過程で吐き出される大量の酸素は、当時のほとんどの生物にとって毒ガスみたいなものだったでしょう。いきなり光合成なんか始めたシアノバクテリアは、いわばテロリストのようなもの。そのおかげで、多くの生物が絶滅したと考えられています。

しかし、やがてその酸素を「ご馳走」としてありがたくいただく生物が登場しました。それが私たちの遠い祖先にほかなりません。チャールズ・ダーウィンが見抜いたとおり、生物は環境に合わせて進化します。変異によって環境に適合する形質を身につけた個体が、生き残って子孫を残す。ですから、生物全体のことを考えれば、環境に良いも悪いもありません。その時々の環境で生きやすい種が生き残るだけの話。酸素であれ二酸化炭素であれ、場合によって毒にも栄養にもなるわけです。

学術の場である大学でSDGsに取り組むのなら、いま目の前にある「脱炭素」という社会問題を考える前に、そういう広い視野を持ったほうがよいでしょう。それがないと、その取り組みは正義感ばかりが先走った社会運動のようなものに収斂《しゅうれん》しかねません。若い学生は「純粋」なところがあるがゆえに、いったん「これが正義だ！」と思い込むと、そちらの方向に暴走しがち。しかし学生という立場で第一に取り組むべきは「運動」ではなく「学問」です。

ＳＤＧｓに疑問を感じて哲学に向かう学生も

もちろん、学生たちがみんな正義感で突っ走ろうとするわけではありません。逆に、ＳＤＧｓの活動をやってみた結果、そこにある矛盾に気づいて悩む学生もいます。

たとえば、ＳＤＧｓの一番目の目標は「貧困をなくそう」というもの。このテーマを選んだ学生の中には、先進国と比べて経済的に貧しい開発途上国などに行って現状を調べ、問題解決の道を探ろうとする人も少なくありません。

でも実際に現地へ行くと、想像していた状況とは違うこともあります。現地の人々の暮らしを見ると、たしかに日本で暮らす自分たちよりもはるかに貧しいようではあるものの、思ったほど「不幸」には見えない。むしろ、現状に満足して楽しそうに生活しているように感じられることもあるでしょう。

感受性の鋭い若者ほど、そこで迷いが生じます。経済的な格差はなくさなければいけないと思っていたけれど、それは自分たちの勝手な思い込みだったのかもしれない。ＳＤＧｓの目標は、いわゆる西側先進国の価値観を途上国に押しつけているだけではないのか……というわけです。

これは、大変健全な迷いだと言えるでしょう。国連の総意で定められたものとはいえ、やはりＳＤＧｓには西側先進国の価値観が色濃く反映されていると私も思います。それを「グローバルな価値観」と呼ぶ人もいるかもしれませんが、たとえそうだとしても、何に幸せを感じるかは決して同じではありません。そこには、ローカルな歴史や文化に基づく多様性があります。

ですから、日本人の学生が海外に行って「自分たちと同じように豊かな生活をしてほしい」と言っても、もしかしたら向こうは「おまえたちみたいな暮らしはしたくない」と言うかもしれません。もちろん、誰がどう見ても改善すべき貧困は存在します。しかし、途上国と呼ばれる国のみんながみんな、欧米諸国や日本のような近代社会の生活を求めているわけではないでしょう。そもそも「途上国」という呼び方自体が、先進国側の思い込みかもしれない。そう位置づけられている国々が、みんな「先進国」に追いつこうとしているとはかぎらないのです。

海外の現地でそういうローカル性や多様性に気づき、頭の中でＳＤＧｓの価値観が絶対的ではなくなった学生の中には、日本に帰国するとＳＤＧｓの活動から離れて哲学的思考を始める人もいます。それはまったく「失敗」ではありません。何かをやってみて新しい発見があれば、どんどん方向転換をすればいいのです。

そこで大切なのは、迷いの生じた学生の受け皿を用意しておくこと。SDGsの達成を絶対的な目標に据えてしまうと、それこそ硬直した社会運動のようになってしまい、そこから抜けることに罪悪感を抱くようになるかもしれません。疑問を感じたらいつでも別の道へ進めるようにしておくべきでしょう。

ちなみにいま大学では、キャンパス内で学生を勧誘するカルト団体が、SDGs関係のセミナーなどを装うケースがあることも問題視され、注意喚起がなされています。そういうことの「入口」として利用されるぐらい、SDGsには真面目で純粋な若者の正義感を刺激しやすい面があるわけです。

私がSDGs担当？

ところで、私がSDGsに巻き込まれたのは、京大だけではありません。副学長を務めている静岡県立大学のほうでも、諸事情あってSDGsに関わらざるを得ない立場になっています。

まず、五人いる副学長の役割分担をする中で、私は「産学連携」を担当することになりました。京大でも企業とのおつき合いは多かったのでそれはいいのですが、いまは企業にとっても、ＳＤＧｓにどう取り組むかも大きなテーマです。とはいえ、企業の本来の目的は経済活動ですから、ＳＤＧｓと言われてもよくわからない。というわけで、大学の産学連携活動の中でＳＤＧｓはかなり重要な意味を持つのです。

ちなみに私の上司にあたる学長は、元京大総長の尾池《おいけ》和夫先生。何でも屋みたいな私のことをよくご存じなので、「ＳＤＧｓ担当なんだから、ついでに学内のゴミ処理問題も」という話になりました。いつの間にか、私も京大の浅利先生と似たようなことをやらざるを得ない立場になってしまったわけです。その関係で、市役所のゴミ処理担当者とも会って話をするようになりました。そこで見えてきたのが、いわゆる「プラゴミ」の処理問題です。

ＳＤＧｓや環境問題に熱心な人々にとって、「脱プラスチック」は「脱炭素」と並ぶ大きな関心事でしょう。二〇一五年に鼻にプラスチックのストローが刺さったウミガメの映像が盛んにテレビなどで流され、それが強いインパクトを持っていたこともあって、とくに海洋プラスチックの問題が心配されるようになりました。それに伴って、有料化によるレジ袋の削減や紙ストローの導入など、さまざまな動きが起きています。

プラスチックゴミのリサイクルも、その一環。不要なプラスチックをリサイクルすれば海に流出することもないというわけですが、そのためにはプラスチックゴミの分別収集をしなければなりません。しかし、それには手間もコストもかかります。地方自治体にとっては大きな負担でしょう。

そのため、プラスチックの分別収集をせずに、ふつうのゴミと一緒に焼却したいと考える自治体は少なくないと思います。焼却すれば、廃棄されたプラスチックが海洋に流出することもありません。

ところがプラゴミを分別収集しないと、国からの補助金が出ないといいます。それでやむを得ず、分別収集をせざるを得ない自治体が多いのです。

しかし、詳しくは第二章でお話ししますが、プラスチックのリサイクルが社会にとって有意義なのかどうかは、そう簡単には答えが出ません。大学で「ＳＤＧｓ担当」になったことで、これまで若干距離を置いて斜に構えていた問題も、正面から考えざるを得なくなりました。

「いまの自分」を犠牲にしてはいけない

私は静岡県立大学では、地元の高校生と一緒にいろいろなことを学ぶ「高大連携プログラム」にも関わっています。そして、これも当然の流れとして、いまはＳＤＧｓがテーマとして選ばれやすい。高校側としては、世の中で注目されているテーマを掲げたほうが多くの生徒を集められますし、予算も取りやすいという事情もあるでしょう。プラゴミを分別収集すると国からの補助金が出るのと、ちょっと似ています。

しかし、大学生でも心配なのですから、もっと純粋な高校生となると、さらに慎重にやらなければいけません。それこそプラスチックのリサイクルひとつ取っても、単純なキレイゴトの向こう側には複雑な「大人の事情」があります。若い正義感にブレーキをかけすぎてはいけませんが、アクセル全開になるのも危ない。ＳＤＧｓと「ぼちぼち」つき合っていく感覚を高校生に伝えるのは簡単ではありませんが、少なくとも、そういうプログラムを設定する大人の側がそれなりの分別（こちらはブンベツではなくフンベツ）を持っておくべきだろうと思います。

ただ、少し意外だったのは、ＳＤＧｓをテーマとする高大連携プログラムで、環境問題を選ぶ高校生があまり多くなかったこと。世間では、ＳＤＧｓといえば地球温暖化や海洋プラスチックの問題を思い浮かべる人が大半ですが、このプログラムではジェンダーや人権、貧困などの問題を選ぶ人がほとんどでした。扱う範囲の広い環境問題より、それらの社会問題のほうが、高校生にとっては身近に感じられるのかもしれません。

もちろん、先ほど話したように、貧困問題にも京大生を哲学に向かわせてしまうような矛盾や葛藤があるので、「ぼちぼち」取り組むべきなのは同じでしょう。しかし環境問題は、ＳＤＧｓの目標の中でも若者の正義感が先鋭化しやすいので、高校生にはとくに「取り扱い注意」のテーマです。

問題意識が先鋭化して、「学問」や「勉強」が社会運動のようなものになっていくと、そもそも否定しにくいキレイゴトが、ますます自分自身にとって揺るぎない絶対的な価値を持つものになるでしょう。そうなると、勉強の対象だったものに、自分の生活が縛られてしまう。極端な話、たとえば「脱プラスチック主義」が先鋭化すれば、レジ袋やストローはもちろん、あらゆるプラスチック製品の使用に嫌悪感を持つようになるかもしれません。

しかしプラスチックは現代の文明社会に欠かせないので、それをすべて排除しようと思ったら、ひどく不便で不経済な生活になってしまいます。正義感に燃える運動家は「サステナブル（持続可能）な世界にするためには仕方がない」と思って我慢するかもしれませんし、そういう自己犠牲に満足感を覚えることもあるでしょう。でも、それは決してSDGsの方針に沿うものではありません。

というのも、国連の定義によれば、「持続可能な開発」とは「将来の世代がそのニーズを満たせる能力を損なうことなしに、現在のニーズを満たす開発」のこと。「サステナブル」という言葉を聞くと、現在よりも将来の世界を大事にするようなイメージを抱きがちですが、SDGsは未来のために「いま」を犠牲にしろと言っているわけではありません。現在に生きる私たち自身のニーズを満たしながら、将来世代のニーズも満たしましょう、という話です。だからこそ難しいわけですが、「いまの自分」の生活を大事にすることも忘れてはいけません。

若者たちの「サステナブル疲れ」

そもそも、SDGsが掲げた盛りだくさんな目標は、持続可能な社会を築くために「最低限これぐらいは念頭に置いておきましょうよ」というものだと私は受け止めています。一応は「二〇三〇年までに達成する」としてはいますが、具体的な数値目標があるわけでもありません。

ちなみに国連は、SDGsを立ち上げる前に、おもに開発途上国の課題に焦点を当てた「MDGs（ミレニアム開発目標）」を掲げていました。その達成期限は二〇一五年でしたが、「極度の貧困と飢餓の撲滅」や「ジェンダー平等推進と女性の地位向上」といった八つの目標が完全に達成されたとは思えません（もちろん一定の成果はありましたが）。ちなみにMDGsの七番目は「環境の持続可能性確保」ですから、明らかに未達成。言うまでもなく、現在もその努力は継続中です。

SDGsは、そのMDGsをバージョンアップした後継プロジェクトと位置づけられま

MDGsの8つの目標

目標1	極度の貧困と飢餓の撲滅	・1日1ドル未満で生活する人口の割合を半減させる ・飢餓に苦しむ人口の割合を半減させる
目標2	初等教育の完全普及の達成	・すべての子どもたちが男女の区別なく初等教育の全課程を修了できるようにする
目標3	ジェンダー平等推進と女性の地位向上	・すべての教育レベルで男女格差を解消する
目標4	乳幼児死亡率の削減	・5歳未満児の死亡率を3分の2引き下げる
目標5	妊産婦の健康の改善	・妊産婦の死亡率を4分の3引き下げる
目標6	HIV／エイズ、マラリア、その他の疾病の蔓延の防止	・HIV／エイズの蔓延を阻止し、その後減少させる
目標7	環境の持続可能性確保	・安全な飲料水と基礎的な衛生施設を持続可能な形で利用できない人々の割合を半減させる
目標8	開発のためのグローバルなパートナーシップの推進	・民間セクターとの協力により、情報通信技術をはじめとする先端技術の恩恵を広める

す。二〇三〇年の達成期限を迎えたら、おそらくMDGsと同じようにお役御免となり、また新たな旗が用意されるに違いありません。

国連としては、そうやって「みんなが楽しく幸せに暮らせる世界にするために、最低限これぐらいは考えましょうよ」と言い続けることで人々の意識を変え、少しずつ世界を良い方向に転換させたいのでしょう。せめて、持続可能性を高めることに対して後ろ向きな人たちを減らしたい。本音はそれぐらいのことだと私は思っています。要するに、国連も「ぼちぼち」やっている。だから、明確な達成基準もありません。

そういう漠然とした努力目標にすぎないのですから、その趣旨に賛同しつつ、無理のない範囲で取り組めばいいのだと思います。いずれにしても、ＳＤＧｓのために個々人の暮らしが楽しくなくなったのでは本末転倒です。いくらか我慢して生活スタイルを変えることはあるかもしれませんが、「自分も楽しく幸せに暮らしたい」という当たり前のニーズを犠牲にしてまでやるようなことではありません。むしろ、「いかに楽しく生きるか」という自分の生活の持続可能性を考えることも含めて、ＳＤＧｓだと言ってもいいのではないでしょうか。

ところが、いまはとくに若い人の中に「ＳＤＧｓ疲れ」や「サステナブル疲れ」が広がっているという話も聞くようになりました。高校や大学でＳＤＧｓを積極的に取り上げるようになると、良い成績を取りたい若者はそれを避けて通ることはできません。さらに就職活動をする学生は、企業説明会でもＳＤＧｓセミナーのようなものを受けることがあるそうです。社会の持続可能性に無関心な人間は高く評価されないのではないか、というプレッシャーを感じてしまったとしても無理はないでしょう。

そういうストレスを与えるのは、大学や就職活動の場だけではありません。ＳＤＧｓの影響もあって、近年は「サステナブル」を謳う商品も増えました。それを使っていると「いい人アピール」ができるので、たとえばステンレス製のストローのような脱プラスチック商品など、サステナブルな持ち物の写真を頻繁にＳＮＳにアップする人もいるようです。それはそれで個人の自由ですが、いちいちそれを見せられるほうはなんとなく「みんなも使えば？」というプレッシャーを感じます。

そういう人の中には、直接「まだプラスチックのストローなんか使ってるの？」と批判めいた調子で言ってくる人もいるでしょう。「正義」を背負った人が自分の日常生活に介入してくるのは、気持ちのいいものではありません。

また、自分で自分に「こうあらねばならない」とプレッシャーをかけている人もいると思います。脱プラスチックや省エネなど、環境への負荷を軽くするための「エコ」な生活スタイルを徹底しなければならないと自分に言い聞かせて、その不便さに耐えている。それこそ家庭ゴミの分別だけでも、厳密にやろうとすると「これはどっちなんだ？」といちいちネットで検索して調べたり、パッケージの金属部分と紙部分を分けるために解体したりなど、けっこうなストレスになるでしょう。毎日のことですから、完璧を目指していたら疲れてしまうのも当然です。

SDGsをブンベツするフンベツを

社会のために、あるいは次世代のために、「何かいいことをしたい」と考えるのは人として当たり前のことですが、疲れを感じるまでやったのでは、その行動そのものがサステナブルになりません。良いことをしたいなら、それを続けられる範囲で「ぼちぼち」やったほうがいいでしょう。世の中には時間が解決する問題もたくさんあるのです。

根が真面目な人ほど「ぼちぼち」の加減がわからず、やれることを全力でやろうとするのかもしれません。欲求を抑えて自己犠牲を払うことに美徳を感じる人もいるでしょう。とくに日本の場合、昔から「奉仕の精神」を尊ぶ精神的土壌もあります。自分を犠牲にして「いいこと」をしたくなる気持ちもわからなくはありません。

でも、「みんなを幸せにしたい」と願うとき、その「みんな」には自分自身も入っていることを忘れないでほしいのです。国連も、SDGsというプロジェクトを通じて、地球上の「誰ひとり取り残さない」と誓っています。途上国の貧しい人々や独裁者の圧政に苦しむ人々のことを思い浮かべる言葉ですし、そうやって取り残されている人々が多いのは確かですが、「誰ひとり」と言う以上、日本のような先進国で暮らす私たちも取り残されてはいけません。自分の日常生活を犠牲にするのは、自分自身をＳＤＧｓから取り残しているようなもの。その時点で、「みんな」を幸せにはできていないのです。

だから、まずは自分自身が楽しく生きること。それができて初めて、人のために何かできるようになるのではないでしょうか。

それに、誰にも全体が見えていない世界では、その献身が本当に社会の持続可能性を高め、人々を幸福にするのかどうか、じつのところわかりません。なにしろ、法律をすべてきちんと守っても、誰かがどこかで不幸になっているのかもしれないのです。複雑な世界では、良かれと思ってしたことが、めぐりめぐって人に迷惑をかけることもあるでしょう。たとえば、徹底した省エネにこだわるあまりに、猛暑の真っ最中でもエアコンを使わず熱中症で倒れたりすれば、コロナ禍で逼迫《ひっぱく》している医療に余計な負荷をかけることになりかねません。

いまのSDGsブームには、そういう危うさがあるように思います。とりわけ日本の場合、SDGsといえば脱炭素や脱プラスチックといった環境問題ばかり注目されますが、一七の目標を見ればわかるとおり、これは「環境」の持続可能性だけを考えているわけではありません。そこには「環境」のほかに、「経済」「社会」という大きな柱があります。環境への負荷を下げるための取り組みばかりに集中した結果、逆に経済や社会への負荷を高めてしまうこともあるでしょう。実際、プラゴミの分別収集は自治体の経済的な負担を高めています（国からの補助金も税金です）。

そもそも人類は、経済的な発展を追求した結果として、環境問題に直面しました。ですから、その両方の持続可能性を高めるのはきわめて難しい。たとえば二酸化炭素の排出量をめぐる国際的な議論も、常に「総論賛成、各論反対」のようなものになります。

SDGsが目指す環境、経済、社会という三つの分野での持続可能性をどれも完璧に高めようとすれば、必ずどこかで優先順位をめぐるケンカが起こるでしょう。どの分野でも、完全に筋を通すことなどできません。どこかで「キレイゴト」を引っ込めて、「大人の事情」に基づく調整が必要になる。SDGsとはそういうものだからこそ、完璧を目指さずに「ぼちぼち」やっていくしかないのです。

また、大学で学生たちを相手にしている身としては、いまのSDGsブームが結果的に若い世代を苦しめることになりはしないかと心配になります。次代を担う人たちの負担を増やしてしまうとしたら、それこそ社会の持続可能性が損なわれてしまいます。

しかしサステナブルな社会を築きたいなら、若い世代が生き生きと暮らせるようにするのが大人の役目でしょう。ゴミのブンベツに神経をすり減らす前に、まずは世の大人たちがフンベツをもってSDGsそのものをしっかりとブンベツし、これから何をすべきかを考えなければいけないと思います。

第二章　プラゴミ問題で考える持続可能性

日本が達成すべきSDGs目標

ＳＤＧｓはじつに包括的なプロジェクトですが、それは、環境、経済、社会という三つの領域に手を広げているという意味だけではありません。二〇一五年に終了したＭＤＧｓは、先進国による途上国の支援を中心とする内容でした。それに対して、ＳＤＧｓは、世界中の国々がパートナーとしてともに達成すべき目標という位置づけになっています。

ですから、貧しい途上国を手助けするのもＳＤＧｓなら、日本で暮らす自分自身の暮らしを持続可能にするのもＳＤＧｓ。むしろ、まずは自分たちの足元から始めるほうがＳＤ

Ｇｓらしいスタンスだとさえ思います。

いずれにしろ、ＳＤＧｓに取り組むときには、グローバルな問題意識とローカルな問題意識を併せ持つべきでしょう。ＳＤＧｓには「人類がこの地球で暮らし続けていくために、二〇三〇年までに達成すべき目標」というキャッチフレーズもありますが、ひとことで「人類」と言っても、そこにはまとめて扱うことのできない多様性があります。それぞれの国や地域、あるいは個々の人々にはさまざまな違いがあるので、どこでもかしこでもＳＤＧｓを同じように進めるわけにはいきません。

ですから、世界全体に共通する問題を考えるだけでなく、それぞれが個別の事情に合わせたローカルな取り組み方を考えるのも重要。みんなが一七の目標すべてに同じように力を入れるのではなく、それぞれの立場によって軽重の差があって当然です。

だとすると、日本はどこに重きを置けばいいでしょうか。あらためて一七の目標を眺めてみると、日本の社会でまだまだ達成されていない課題はいくつもあります。たとえば五番目の「ジェンダー平等を実現しよう」。その達成度を国際的に比較すれば、日本がかなり低い水準にあることは間違いありません。世界経済フォーラムが発表した二〇二二年の

「ジェンダーギャップ指数ランキング」で、日本は一四六カ国中の一一六位でした。

また、「働きがいも経済成長も」という八番目の目標も、見た瞬間に「日本はどっちもダメだな……」と溜《た》め息《いき》をつく人が多いのではないでしょうか。いわゆるブラック企業の横行を見れば、「人間らしい雇用を促進する」ことができていないのは明らか。二〇二一年のGDP成長率ランキングも、日本は一五七位です。日本社会のサステナビリティを高めようと思ったら、これらの問題を何とかしなければいけません。

環境問題への関心はなぜ高いのか

もちろん、それらの課題があること自体は世間で広く認識されているでしょう。ジェンダーギャップや雇用の問題を解決するために知恵をしぼり、それを実現するための活動をしている人もたくさんいます。

でも、たとえばジェンダー問題や労働問題などに取り組む団体などが「SDGs」の旗を掲げているのを、少なくとも私のまわりではあまり見かけません。「サステナブルな社会をつくるためにジェンダー平等を」といった言い方もされない。そもそもSDGsでそれが目標になっていることすら、あまり知られていないのかもしれません。

では、どこでＳＤＧｓの旗が盛大に振られているかといえば、言うまでもなく環境問題です。「ＳＤＧｓ」や「サステナブル」という言葉から多くの人が思い浮かべるのは、エネルギー資源、二酸化炭素の排出量、食品ロス、そして脱プラスチックといった事柄でしょう。テレビのニュースや情報番組の「ＳＤＧｓ特集」で取り上げられるトピックも、あるいは「サステナブル」を売り物にしたさまざまな商品も、それらの問題と関わりのあるものがほとんどです。

ＳＤＧｓが持つ包括性を考えると、これはずいぶん偏っているのではないでしょうか。どういうわけか、日本ではＳＤＧｓが「地球環境を守る国際的な社会運動」のようなものだと思われているようです。

かつては、環境問題を語るときに「エコ」や「地球にやさしい」といった言葉がよく聞かれました。いまはそれが、「ＳＤＧｓ」や「サステナブル」に置き換わった。そんなふうに感じなくもありません。

もっとも、「人類がこの地球で暮らし続けていくために」というフレーズを聞けば、日本人でなくとも、まずは地球環境のことを考えるような気もします。海外の詳しい事情はわかりませんが、ＳＤＧｓを考えるときに環境問題がクローズアップされるのは、日本だけではないのかもしれません。とくに欧米諸国は、地球環境問題に熱心です。

そして、日本社会が「ＳＤＧｓ＝環境問題」というイメージばかり抱き、ジェンダー問題や雇用問題などそれ以外の目標を脇に置きがちなのは、その欧米の動向に引きずられているせいではないかと私は感じています。

ローカルな「公害問題」とグローバルな「地球環境問題」

ここで、話はちょっと逸《そ》れます。私が高校生だった頃、日本では「公害」が大きな社会問題として浮上しました。いずれも産業廃棄物が原因とされ、イタイイタイ病（富山県）、水俣《みなまた》病（熊本県）、新潟水俣病（新潟県）、四日市ぜんそく（三重県）は「四大公害病」などと呼ばれたものです。

私の出身地である静岡県でも、一九六〇年代から七〇年代前半にかけて、製紙工場の廃棄物による田子《たご》の浦《うら》のヘドロ公害が発生しました。若い人には馴染《なじ》みの薄い言葉かもしれませんが、ヘドロは「屁泥」と書かれることもある日本語。当時は『ゴジラ対ヘドラ』という映画もつくられたぐらい有名（?）でした。地元の身近な問題だったので、高校の同級生と「どうすれば公害をなくせるか」と真剣に話し合ったのをよく覚えています。

その友人と私は、どちらも公害問題に大きな影響を受けて、進学先を決めました。高校生の進路を左右するぐらい、深刻な問題だったわけです。ただし選んだ学部は別々で、彼は工学部、私は理学部。公害は工場などから出る産業廃棄物が原因なのですから、それを解決するために工学部を選んだ友人のほうが、自然な発想でしょう。しかし高校生の私は、こんなふうに考えました。

「問題が起きないようにいろいろ考え抜いて設計したはずの工場から公害が出てしまうのは、まだ人間が自然界の根本的な成り立ちを理解していないからに違いない」――それで、自然界のより基本的なところを探る理学部を選んだのです。

さて、自然界という大きなフィールドに興味を持ってはいたものの、当時の私は地球環境というグローバルな問題意識を持っていませんでした。理学の道に入るきっかけとなった公害は、自分の故郷で生じたローカルな問題です。

そもそも当時は「地球環境」という言葉が（存在はしたのかもしれませんが）使われていませんでした。言葉がないということは、そういう概念もないということです。いまの時代に企業が産業廃棄物を垂れ流せば、誰でもそれを環境汚染として受け止めるでしょう。しかし当時は誰も、公害をグローバルな「環境問題」という枠組みでは考えていなかったのです。

その概念が世界に広まったのは、一九八八年のこととされています。その年に、NASA（米航空宇宙局）の科学者ジェームズ・ハンセンが、米議会で地球温暖化に関する研究について証言しました。のちにハンセンは「地球温暖化問題の父」とも呼ばれるようになりましたが、「地球環境」という言葉が広まったのは、このハンセン証言がきっかけです。東京大学名誉教授の木村龍治先生の調査によれば、朝日新聞に「地球環境」という言葉が登場する回数は、この年を境に、ほぼゼロ回から年間五〇〇回程度にまで一気に跳ね上がっていました。この頃から、「グローバルな環境問題」が世界中で注目されるようになったわけです。

「米国がやるから日本も研究を」という東大の発想

ハンセン証言をきっかけに、「グローバルな環境問題に取り組むべき」という圧力が一気に高まりました。私自身、ＭＩＴ（マサチューセッツ工科大学）のポスドク時代にそれを実感したことがありました。同じ地球物理学を専門とする東大の先生に「酒井さんもこの研究に協力してくださいよ」と言われたテーマが、まさにいまでいう地球環境問題に直結するものだったのです。

そのとき私が取り組んでいたのは、流体力学の不安定問題というもの。専門的になりすぎるので詳しくは説明しませんが、環境問題とはとりあえず何の関係もありません。単に「オモロい」からやっていたことです。ＭＩＴのボスには「サイエンスと名前がつけば、何をやってもいい」と言われていました。

その研究が楽しかったので、東大の先生に言われた研究テーマには、あまり興味が持てません。そもそも、どうして自分がそんなことをやらなければいけないのかもわかりませんでした。

しかし東大の先生は、「米国の研究グループがこのテーマをやろうとしている。だから日本もやらなければいけないんですよ」と言います。まさに敷かれたレールに乗ろうという話ですから、こちらはますますやる気になりません。

しかも、彼が言う「米国の研究グループ」のリーダーは、私のＭＩＴのボスのボスのような存在の教授です。その教授は「この観測計画は楽しいからやるんだ。楽しくなきゃやらないよ」と言っていました。同じＭＩＴの建物の中にいる私に、一緒に研究しようとはひとことも言わなかったのです。

ここには、じつに端的に、東大と京大の役割意識の違いが表れているようにも思います。国内ナンバー1の大学は、欧米の動向を横目で見ながら走らざるを得ない宿命を背負っている。それに対して、「自由の学風」を掲げてまわりを気にせず好きにやれるのが、ナンバー2というポジションです。どちらが正しいという話ではなく、これは両方なければバランスが取れません。

自分の思い出話が長くなってしまいましたが、そうやって欧米の敷いたレールに乗ろうとするのは東大だけの特徴ではなく、日本社会全体の癖のようなものでしょう。明治維新以来、日本は欧米に「追いつけ追い越せ」でやってきました。

「もはやそんな時代ではない」と、頭ではわかっている人は多いと思います。でも、つい「欧米が何をしているか」を基準に物事を考えてしまう。ＳＤＧｓ自体、日本も含めた国連の場で決まったものとはいえ、日本人にとっては「舶来品」のような印象が拭えません。そのため、ローカルな持続可能性よりもグローバルな持続可能性――その中でもいちばん大きな地球環境問題――に目が向きやすいのではないでしょうか。

二〇一八年に生じた「脱プラスチック」への流れ

べつに私は、環境問題に取り組むのが悪いと言いたいのではありません。それ自体は大切なことです。しかし、日本では多くの人々が環境問題に深い関心を寄せている反面、それに対する理解が深いとは言えません。たとえば脱プラスチックやプラゴミ処理の問題にしても、それが地球環境の持続可能性を高めるのにどう役立つのかを深く考えず、行動だけが先走っているように見えます。

そこで、まずは誰にとっても身近なプラスチックの問題を通じて、サステナブルな環境とは何なのかを考えてみましょう。SDGsが追い求める「持続可能性」という大きな概念は、経済や社会の問題よりも、まずは環境問題について考えるほうが、理解が進むようにも思います。

プラスチックゴミへの関心を一気に高めたのは、やはり何といっても、鼻にストローが刺さったウミガメの動画。誰が見ても痛々しくて可哀想《かわいそう》な状態でしたから、多くの人々が海洋プラスチックの問題に強い問題意識を抱きました。

あのウミガメがコスタリカ沖で発見されたのは、二〇一五年のことです。それから三年後の二〇一八年には、国連のアントニオ・グテーレス事務総長が「プラスチックゴミで地球を汚すのをやめよう」と呼びかけ、ペットボトルをやめて水筒を持ち歩くことや、レジ袋をやめてマイバッグを使うことなどを提案しました。同じ年には、欧州議会が使い捨てプラスチック製品の流通を二〇二一年から禁止する規制案を可決しています。

ウミガメの動画にショックを受けたところに、そんなふうに国連やヨーロッパが「脱プラスチック」の方向性を打ち出してきたら、それを素直に受け入れてしまう人が多いのも無理はないかもしれません。日本国内でも、二〇二〇年にプラスチック製のレジ袋の有料化が始まったほか、飲食チェーン店が紙ストローを導入したり、水筒を使う人が増えるなど、その動きに追随する流れが出てきました。

しかしその一方で、「どうしてプラゴミがあんなにたくさん海に流出するんだ？」と素朴な疑問を持った人も少なくないはず。たしかに、海や川でゴミをポイ捨てする不届きな人はいます。でも、それがそんなに大量だとは思えない。少なくとも日本の場合、大半のプラスチックゴミは、自治体によってきちんと収集されて、焼却やリサイクルといったしかるべき形で処理されているはずです。

ところが、多くの人が内心では疑問を感じているにもかかわらず、それはあまり表立って議論されません。いったん世間で「これが正しい」という大きな流れができると、それに待ったをかけるような疑問を口に出すことが憚《はばか》られてしまい、その流れに身を任せてしまう。この話にかぎらず、よくあることです。プラゴミ問題も、実態をきちんと把握しないまま、世間的な「正しさ」がひとり歩きしているように思えてなりません。

廃プラスチックの七割弱を焼却している日本

では、なぜ大量のプラスチックゴミが海洋に流出したのか。米国ジョージア大学などの研究グループは、二〇一〇年の一年間に世界全体で八〇〇万トンものプラスチックゴミが海に流出したと推定しています。

そもそも私たち人類は、プラスチックを本格的に使い始めた時期である一九五〇年から二〇一五年までの六五年間に、世界でおよそ八三億トンのプラスチックを生産したそうです。一方、その間に廃棄されたプラスチックは六三億トン。プラスチックは商品のパッケージなどに使われることが多いので、生産量の大半はゴミになります。はじめから捨てられるとわかっていて生産しているのですから、生産量が増えれば増えるほど、プラゴミも大量に発生する。これは避けられません。

その六三億トンのプラゴミのうち、八億トンは焼却処理され、六億トンはリサイクルに回されました。残りの四九億トンは、大部分は埋め立てられていますが、きちんと管理せず野積みしている国もあります。そこから海に流出したものもあるでしょう。

また、リサイクルに回されたプラスチックも、きちんと管理されなければ、結果的に海洋流出するおそれがあります。海洋プラスチックをなくしたいなら、すべて焼却処理するのがもっとも合理的ということです。

ちなみに日本では、うるさいぐらいに「分別収集をしろ」と言われているわりに、リサイクルに回されるプラスチックはそれほど多くありません。環境省によると、二〇一三年に発生した九四〇万トンの廃プラスチックのうち、リサイクルに回されたのは二五パーセント程度。六七パーセントが焼却され、八パーセントが埋め立て処理されています。

よく「日本は廃プラスチックの八割をリサイクルしている」と言われるので、この数字を意外に感じる人もいるでしょう。これは誰かがウソをついているわけではなく、「リサイクル」の定義の違いによるもの。焼却したときに出る熱を発電などに利用することを「熱回収」といいますが、それも広い意味の「リサイクル」としてカウントすると、日本は廃プラスチックの八割をリサイクルしている計算になるのです。

それはそれで、意味のある定義だと思います。しかし世界標準では、熱回収をリサイクルに含めません。ですから国際的に比較する場合は、日本のリサイクル率は二割から三割ということになるのです。

いずれにしろ、焼却率の高い日本からは、あまり海洋プラスチックが発生しません。世界平均では、プラゴミの二～三パーセント程度が海に流出しているといわれますが、もし日本のプラゴミがそんな割合で流出していたら、近海はゴミだらけになっているでしょう。たとえばペットボトルだけでも、日本人ひとりあたり、二日に一本ぐらいのペースで使い捨てています。ざっと一日に五〇〇〇万本がゴミになるとして、その二パーセントは一〇〇万本。私の実家の裏には折戸《おりど》湾という、かなり閉鎖的な湾が広がっていますが、日本全体で毎日一〇〇万本も流出していたら、そこもペットボトルだらけになるでしょう。でも、流れついたペットボトルを時々拾い集めることはあるものの、そんなにひどいことにはなっていません。世界平均と比べると、日本の海洋流出率はかなり低いはずです。

中国が輸入したプラスチックが海洋流出

では、どの国が世界平均の数字を押し上げているのか。これはもう、明らかに中国です。世界全体で八〇〇万トンと推定される二〇一〇年の海洋流出量のうち、中国が占める量は一三二万～三五三万トン。二位のインドネシアが四八万～一二九万トンですから、圧倒的なワースト一位です。日本や米国とは、二桁違います。

中国は人口が多いので、ゴミの量も多くなるのはわからなくもありません。でも、二番目に人口の多いインドでも流出量は一〇万～二〇万トン程度。中国からの流出量は、人口の多さだけでは説明がつきません。これだけの廃プラスチックが流出したのは、中国がそれを外国から大量に輸入していたからです。

三〇年ほど前から、中国はヨーロッパ、米国、日本などから廃プラスチックを輸入していました。石油から自前でプラスチック製品を生産するより、輸入した廃プラスチックをリサイクルしたほうが生産コストを抑えられたからです。

ところが、それがうまく管理されずに流出してしまった。森の中の川をペットボトルなど大量のゴミが流れていく動画を見たことがありますが、あれはおそらく輸入した廃プラスチックを山積みにしていたのが崩れてしまったのでしょう。そうでもなければ、森の奥にあんなにたくさんのゴミがあるはずがありません。

いずれにしろ、海洋流出問題は、廃プラスチックを中国に輸出した国々にも責任があるでしょう。まずは中国がしっかり管理してしっかりリサイクルすべきだったのはもちろんですが、自分たちで処理しきれないゴミをよそに押しつけていた側にも、やはり問題はあります。

ちなみに中国は、経済成長によって余裕が生まれたこともあって、二〇一七年一二月から廃プラスチックをリサイクル原料として輸入するのをやめました。国連事務総長が「脱プラスチック」を提案し、欧州議会が使い捨てプラスチック製品を二〇二一年から禁止することを決めた前年のことです。

その背景には、もう中国にプラゴミを押しつけられなくなったという事情もあるのではないでしょうか。「ウミガメをストローから守りたい」といった心やさしい理由だけで脱プラスチックを言い出したのではないと思います。

ここでヨーロッパ諸国が不思議なのは、中国に輸出できなくなった廃プラスチックを焼却しようとは考えないこと。二〇一八年五月には「欧州は、これまで中国に送っていたプラスチック廃棄物の半分強を、他のアジア諸国に送り出した」というロイターの報道[*1]がありました。その記事によると「行き場のない廃プラスチックの一部は、建設現場から港に至るまで、さまざまな場所に積み上げられ、新たなリサイクル市場が生まれるのを待っているという」とのこと。そんな状態では、やがて海に流出するおそれもあります。

埋め立てたプラスチックは「循環」しない

ならば、さっさと焼却して熱回収すればよいと思うのですが、欧米各国はそれにあまり積極的ではありません。以前から欧米では廃プラスチックの焼却率が低く、大半をリサイクルと埋め立てで処理していました。

ＯＥＣＤ調べの二〇一三年の数字を見ると、たとえばドイツは六五パーセントがリサイクルで、熱回収を含めた焼却は三五パーセント。フランスも焼却率はドイツと同程度で、埋め立ては二八パーセント。米国は、リサイクル三五パーセント、焼却一二パーセント、埋め立て五四パーセント。スペイン、ポーランド、カナダ、ギリシャなど、米国と同じく半分以上を埋め立て処理している国も少なくありません。

焼却に消極的な理由は、言うまでもなく、温室効果ガスの問題でしょう。たしかに、廃プラスチックを焼却処理すれば、二酸化炭素が排出されます。焼却すれば海洋プラスチックはなくせるけれど、それによって地球温暖化を促したのでは、環境を持続可能にする上で何もプラスにならない――そう考えて、埋め立て処理をしているのかもしれません。

でも、それが本当に「サステナブル」なやり方なのでしょうか。地球環境が持続するとは、簡単に言えば地球上の物質が時間をかけて「循環」するということです。たとえば水がそうでしょう。海から蒸発して雲になり、そこから雨になって地上に降り注いで、また海に戻っていく。そうやって形を変えながら循環しているかぎり、私たちが生きるのに必要な水分はサステナブルです。

しかし、地中に埋め立てられたプラスチックは、腐敗して土に還《かえ》ることはありません。そのまま形を変えずに残ります。そこで行き止まりになってしまい、「循環」しない。それのどこが「サステナブル」なのかよくわかりません。

一方、焼却によって発生する二酸化炭素は植物に吸収されるなどして循環します。前にもお話ししたとおり、二酸化炭素そのものは毒ではなく、植物にとってはご馳走になる。その意味で、廃プラスチックの焼却は「サステナブル」な処分方法だと言えるでしょう。それによって排出される二酸化炭素の量は、人類社会の産業全体の排出量から見れば微々たるものにすぎません。それで海に流出するプラスチックを減らせるなら、環境にとってプラスのほうが大きいのではないかと思います。

日本の焼却技術は世界トップレベル

将来的には、プラスチックを自然界で循環させる方法がないわけではありません。いまはそのために、「生分解性プラスチック」の研究開発が行われています。微生物の働きによって分解されるような素材でつくられるプラスチックのことです。

しかし、それを埋め立て処理した場合も、結果は焼却処理と変わりません。生分解されたプラスチックは、最終的には水と二酸化炭素になります。焼却と違うのは、二酸化炭素になるまでの時間が長いか短いかということだけ。長い目で見れば同じように循環するということを考えると、コストをかけて生分解性プラスチックを生産するメリットがどれだけあるのかわかりません。少なくとも、生分解性プラスチックを「サステナブルな取り組み」と評価するなら、プラスチックの焼却処理も同じようにサステナブルなやり方として評価すべきです。

ですから、プラゴミの焼却率が高い日本も、それについては十分にサステナブルなやり方をしていると言えるでしょう。しかも日本の焼却技術は世界でもトップレベル。一九八

○年代にはゴミ焼却炉から有毒物質のダイオキシンが検出されて問題になりましたが、それを克服するために研究を進めたことで、有害なものを出さずにクリーンに焼却する技術が大きく進歩しました。

そういうすばらしい技術があるのですから、政府は補助金を使って地方自治体にプラゴミの分別収集をさせるより、自らの焼却技術を世界に広めることを考えたほうがよいと思います。そうすれば、欧米も埋め立てずに焼却を選ぶようになり、世界の持続可能性が高まるかもしれません。

完全なリサイクルはエントロピーの法則に反する

プラスチックの埋め立てがサステナブルではないなら、リサイクルをもっと増やせばいいじゃないか——そう思う人もいるでしょう。「リサイクル（recycle）」という言葉はまさに循環を意味するので、それこそがＳＤＧｓにいちばんふさわしいようにも感じます。

たしかに、廃プラスチックをすべて完全にリサイクルして活用できるなら、それ以上にサステナブルなことはありません。でも、話はそう簡単ではないのです。

リサイクルと聞くと、捨てられたプラスチックを再生して何度でも同じように使えると思う人もいるでしょう。でも、それは大きな勘違い。溶かして再生しても、プラスチックが元に戻るわけではありません。以前よりも品質は劣化します。

そのため、前と同じ製品にはほとんど使われません。品質が悪くても使える製品に生まれ変わります。しかもそういう製品は、たとえば園芸用のプランターや駐車場の車止めなど、屋外で使われることが多い。これらは、紫外線を浴びてどんどん劣化します。ポロポロと崩れて断片化したプラスチックは、雨に流されて、やがては海に流出していくでしょう。

大きさが五ミリメートル以下のプラゴミは、マイクロ・プラスチックと呼ばれています。ウミガメの鼻に刺さったストローと違って目立ちませんが、生態系に与える影響はこちらのほうが深刻。海の魚たちがそれを食べれば、魚を食べる私たちの体の中にもプラスチックが「循環」してしまうわけです。

では、なぜ同じ品質でリサイクルができないのか。それは、この自然界に「エントロピーの法則」があるからです。これはなかなか難しい概念なのですが、あえて簡単に言うと、エントロピーとは「乱雑さ」のこと。自然界には、放っておくとエントロピーがどんどん増大するという法則があります。つまり、世の中は放っておくと秩序のある状態から乱雑な状態へと不可逆的に変化していく。その意味では、自然界そのものが本来「サステナブル」ではないとも言えるわけです。

でも、たとえば生物は四〇億年前に地球上で生まれてから、現在まで持続してきました。生命体はそれぞれの秩序がなければ成り立ちませんが、放っておけばエントロピーが高まって分子が乱雑な状態になるはず。そうならないのは、太陽からエネルギーが供給されているからです。外からエネルギーを取り入れ、いわばエントロピーを外に捨てることで、生物としての秩序を保っている。難しい理屈はともかくとして、要するに、エントロピーの増大を止めて秩序を維持するには、エネルギーを加えなければいけないということです。

プラスチックのリサイクルも同じこと。溶かしたプラスチックを完全に元に戻そうと思ったら、多くのエネルギーが必要です。それを考えると、プラスチックの完全なリサイクルは無理。プラスチックは複数のモノマー（単分子）がつながったポリマー（高分子）で構成されていますが、京大の同僚の化学者に聞いたところ、リサイクルによって同じ品質のものにするには、いったんモノマーのレベルまで戻さなければなりません。そこから再生するには、大変なエネルギーがかかります。

「そんなエネルギーをかけてまでリサイクルする価値があるとは思えん」――これがその同僚の結論です。たしかに、そのためのエネルギー消費による環境負荷を考えれば、マイナスのほうが大きいでしょう。

ペットボトルはペットボトルに戻らない

また、プラスチックのリサイクルにはエネルギー以外にもコストがかかります。まず、ひとくちに「プラスチック」と言っても、すべてが同じものではありません。アクリル樹脂、塩化ビニール、ポリエチレン、ポリプロピレン、ポリエステルなど、さまざまな種類があります。エネルギーをかけてモノマーに戻してから再生するなら別ですが、それが現実的ではない以上、基本的には、アクリル樹脂からはアクリル樹脂、ポリエチレンからはポリエチレンと、同じ種類のものしか再生できません。自治体の分別収集は「プラスチック」とひとまとめになっていますが、最終的にはそれを材質ごとに細かく分別する必要がある。これには膨大な人件費や労力がかかります。また、プラスチックは用途に応じてさまざまな添加物が加えられていますので、品質のコントロールは困難です。

さらに、とくに飲食物を入れていたプラスチック容器やペットボトルなどは、キレイに洗浄するために大量の洗剤が必要。経済的にコストがかかることに加えて、洗浄作業によって環境負荷が大きくなることを考え合わせても、リサイクルは決してサステナブルとは言えません。

ただし先の同僚によれば、ペットボトルだけはリサイクルが成立しそうだとのことでした。とはいえ、必ずしも、元に戻して使うわけではありません。いわゆる「ボトル to ボトル」のリサイクルは、不純物を取り除いて元どおりの透明な状態にするのが技術的に難しく、コストがかかりすぎます。

そのため、ペットボトルがペットボトルとして再生されることは、あまりありません。大半はポリエステル繊維となって、フリース素材の衣類などに生まれ変わったり、卵のパックのような梱包材《こんぽうざい》になります。これは、リサイクルするとどうしても品質は落ちるので、リサイクル材は多少品質が低くても使える用途に使うのが合理的だからです。

それでも、少しずつ品質を落としながら同じ素材を何度も利用することで、少なくとも原料の消費量とゴミはかなり減らせます。このようなリサイクルとしては、紙がいい例ではないでしょうか。新しいパルプからつくった紙をリサイクルして新聞紙や段ボールにする。そして、その新聞紙や段ボールをさらに回収して、新しいパルプを混ぜて再度紙として使うという循環ができています。

ただし、こうしたリサイクルで環境負荷全体が減らせるかどうかは、また別の問題です。実際、ポリエステル繊維の場合、ペットボトルを原料にすると、いまの技術では石油から直接繊維をつくるよりもコストがかかってしまうので、環境意識の高い高額なブランド以外では使われていません。もっとも、「コストがかかる」ということは、少なからずエネルギーを消費するということ。ですから、そのリサイクルによって二酸化炭素排出量は増えてしまうかもしれません。将来的には、より効率的なリサイクル方法が確立し、回収ルートなども整備されることで、リサイクルのほうが経済的になって、自然にリサイクル率が上がるかもしれません。しかし、それには時間がかかるでしょう。

熱回収は立派なリサイクル

ペットボトルのリサイクルが比較的現実的なのは、飲料用のボトルとして、比較的同じ品質、形状のものが大量に流通しているからです。しかし、それがリサイクルされて衣料品に加工されると、色を出すための染料や風合いを出すための添加剤などが加えられるほか、表地と裏地など異なる種類の素材が組み合わされ、さらにチャックやホックなどの金具がつくことになります。

こうなると、もはや原料としてのリサイクルは不可能。ペットボトル以外のいわゆるプラスチックゴミも同じことです。さまざまな種類のプラスチックが混在するプラスチックゴミをどのように処理しているのか、私も詳しいことは知りませんが、おそらく燃料としての使い道しかないのではないかと思います。プラスチックは、すべて元は石油なので、燃料としては使えるのです。

先にも述べたとおり、熱回収を含めた日本のリサイクル率は八〇パーセント程度です。ただし、熱回収を含めない国際的な基準に照らすと、リサイクル率は二五パーセント程度。この差を埋めるべく、二〇二二年四月からプラスチック資源循環促進法が施行され、プラスチックの分別が厳しくなりました。

分別回収されたプラスチックは何らかの「製品」にされることになるのですが、おそらくそのほとんどは燃料ペレットにしかならないのではないかと思います。一方で、プラスチックゴミが徹底的に取り除かれたいわゆる「燃えるゴミ」の焼却炉では炉の温度が十分に上がらず、重油または燃料ペレットが投入されることになる。ならば、ペットボトルのように再資源化の可能性が高いものを除いて、あとはすべて「燃えるゴミ」として回収し、焼却炉で熱回収するほうが合理的ではないでしょうか。

これは、最近の国際的な「プラゴミ問題」の発端が海洋ゴミだったことを考えると、なおさらです。ヨーロッパ各国のようにプラスチックゴミを埋め立て処理すれば、核廃棄物のような厳格な管理をしないかぎり、いずれ雨風に侵食されて海に流れ出ます。最後に流れつく先は、海なのです。それに対して、プラスチックゴミをちゃんと回収して焼却処分をすれば、ゴミが海に流れ出ることもなく、プラスチックは二酸化炭素として、植物が光合成を行う炭素循環のサイクルに戻ってきます。

こういう話をすると、「そんなことをすれば、温暖化が促進されてしまう」という反論が必ず出ます。しかし、そもそも二酸化炭素を排出しているのは人間だけではありません。地球上には、人間活動の数十倍の二酸化炭素排出源と吸収源があります。つまり、地球上の炭素循環の流れはとても大きいのです。

そして、人間が使う石油のほとんどは「燃料」として使われており、プラスチック製品として使われる量は数パーセント（日本の場合）にすぎません。それを燃やしたとしても、それほど大きな量にはなりませんし、そうすることによって「燃料」として使われる石油を減らすことにもなります。温暖化への影響はそれほど大きいとは思えません。大気中の二酸化炭素を減らすには、燃料として使う石油を減らすのが最優先でしょう。

ですから、「国際基準がこうだから」というだけで物事を判断してはいけません。まずは、もともと「何が問題だったのか」を思い出してほしいのです。海洋プラスチックを減らすことがもともとの目的であれば、焼却処分が最適解のはず。もちろん、その際には二酸化炭素が出ますが、そこは「量的な見積もり」に基づいて判断してほしいのです。プラスチック焼却に伴う二酸化炭素発生量は、人類が出している二酸化炭素の総量に比べて微々たるものにすぎません。それを理由に、海洋汚染を防ぐための焼却をためらうのはナンセンス。二酸化炭素の発生量を減らす方策は、もっとほかにもあるのです。

そんなわけで、プラスチックの完全なリサイクルにこだわらず、少しずつ品質を下げて、同じ素材を何度か使い、最後はエネルギー源として石油の代わりに燃やして熱回収するのが、いちばんサステナブル。その意味で、日本がリサイクルの定義に熱回収を含めているのは、決して間違っていないと思います。

ただし、どんな物質もリサイクルが不合理というわけではありません。たとえばアルミニウムは、最初に鉱物から取り出すときに大きなエネルギーがかかります。回収したアルミニウムを溶かすエネルギーのほうが圧倒的に少ないので、リサイクルするのが合理的。リサイクルにかかるコストは物質によって異なるので、何でもかんでも無闇に分別収集するのではなく、それぞれの性質をきちんと「分別」した上で、どう処理するかを考えなければいけません。

プラスチックを使わない選択はあるか?

ともあれ、廃プラスチックに関しては、リサイクルに回しても、焼却処分しても、最終的には二酸化炭素を排出することになりますが、プラゴミ問題と二酸化炭素問題は別問題です。

しかし、いまは「とにかく温暖化ガスを減らさなければいけない」というのが世界の流れ。とくにヨーロッパは焼却処分を避けたがります。とはいえ、中国が輸入を止めてしまったので、リサイクルに回すのも限界がある。だからこそ欧州議会は、もう使い捨てプラスチック製品をつくるのをやめよう、と決めたわけです。

でも、プラスチックの使用をやめれば万事うまくいくかといえば、そう単純な話でもありません。たとえば「脱プラスチック」のために、ペットボトルの飲料を買わず、水筒に飲み物を入れて持ち歩いている人もいます。たしかに、それによってペットボトルの消費は減るかもしれませんが、水筒も環境負荷ゼロで生産されるわけではありません。当たり前ですが、製造工程では石油や金属などの資源を使いますし、エネルギーも消費します。

もちろん、毎日ペットボトルを使い捨てるのに比べたら、水筒一個のほうが製造にかかる環境負荷は低いかもしれません。でも、ペットボトルと同等の衛生状態を保つためには、頻繁に洗う必要がありますから、洗剤や水を使うことで、他の環境負荷が上がります。さらに、中身の飲料を一人分ずつつくれば、そこでも工場で大量につくるのに比べて環境負荷が上がります。

これは、レジ袋の代わりに使うエコバッグや紙袋も同じこと。レジ袋を使う場合と、その他の場合で、製造プロセスから、使用法、そして廃棄に至るまで、どのくらいの環境負荷がかかるか、ちゃんと評価して比較するのはそれほど容易ではありません。

ペットボトルもレジ袋も、あまりにも安易に使われてきた側面はあるので、ここでよく考えてみることは重要でしょう。しかし、それを使いさえしなければ「サステナブルな生活」になると考えるのはちょっと早計です。

そもそも、これらのプラスチック製品は、人々の暮らしを便利で豊かなものにするために生まれてきたものです。その恩恵は、使う人のライフスタイルや趣味、また、その時々の状況によって異なります。そして、われわれは環境に負荷をかけずに生活することはできません。無意識に使って環境負荷を高めていたものを削減することは意味があると思いますが、それぞれ個人が大切にしている趣味やライフスタイルまでを「脱プラスチック」の観点で制限するのは本末転倒ではないかと思います。

プラスチックは人類の偉大な発明

それに、生活そのものの持続可能性を考えるなら、プラスチック製品の利便性も無視すべきではないでしょう。たとえばペットボトルの使い捨ては、衛生面で大変優れています。夏場に持ち歩いても、飲料の中で悪い細菌が繁殖しておなかを壊す心配がまずありません。水筒はしっかり洗わないとそのリスクがあります。医療で使う注射器も大量に使い捨てられていますが、衛生的にはどう考えてもそれが正しいので、誰も「リサイクルしろ」とは言いません。

注射器ほどではないにしろ、ペットボトルにも衛生面でのメリットがあることは、もっと強く認識されていいでしょう。ペットボトルにかぎらず、真空パックやラップフィルムなど、現代の衛生的な生活環境にプラスチック製品が果たした役割は計り知れません。SDGsには「すべての人に健康と福祉を」という目標もあります。経済的に豊かな日本人は水筒（と洗剤）で代替できたとしても、貧しい国に暮らす人々の健康状態を高めるには、むしろペットボトルをもっと活用する必要もあるかもしれません。

いずれにしろ、プラスチックは人類による偉大な発明のひとつです。その利便性を完全に否定してしまうのは、もったいない。人類の進歩を否定するようなものです。

福島の原発事故のときには、「江戸時代にはそんなものがなかったのだから、電気なんかなくても生きていける」などと極端なことを言う人たちもいました。しかし本当に現代の日本人が江戸時代と同じ生活を強《し》いられたら、たぶんツラくて三日も耐えられないでしょう。スマートフォンを片時も手放すことができず、ＳＮＳで常に誰かとコミュニケーションを取っている現代人が、いまさら飛脚に手紙を託すような日常に戻れるとは思えません。それに、病院には、その電気がなければ動かない医療機器があるおかげで死なずに済んでいる人たちもたくさんいます。

同様に、プラスチックも現代人の生活には欠かせません。ペットボトルやレジ袋は、使用をやめてもそれほど大きな変化がないから、「脱プラスチック」の主要ターゲットになっているだけのことです。

それに対して、可哀想なウミガメの影響で導入された紙ストローは「味が悪くなった」「飲んでる途中でフニャフニャになる」「トイレットペーパーの芯で飲まされているみたいで不快」などなど、評判が良くありません。ストローは紙になったのに、飲み物の容器の蓋はプラスチックのままというあたりに、チグハグさを感じる人もいます。そのため、いったん導入した紙ストローをやめて、プラスチック製に戻す飲食店も出てきました。そうなるのも当然でしょう。ウミガメをあんな目に遭わせたくないなら、ストローをちゃんとゴミ箱に捨てて焼却してもらえばいいだけの話です。

紙ストローにも不満やストレスを感じる人が多いのですから、たとえば毎日のようにスーパーで買っている肉や魚のパッケージが紙製になったら、ほとんどの人が「そんなの勘弁してくれ」と文句をつけるはず。やはり、技術の進歩によってよくなった利便性を下げることはできません。プラスチックの生産量や消費量をいくらか減らすのはいいとしても、必要なものまでなくしてしまったのでは、生活の持続可能性をかえって下げてしまう。脱プラスチックも、無理のない範囲で「ぼちぼち」やりたいものです。

第三章　地球温暖化とカオス理論

欧州自動車メーカーがEV化に転換した「大人の事情」

環境問題への取り組みに関して、日本は必ずしも欧米より遅れているわけではありません。プラゴミ問題の話を通じて、それをわかってもらえたと思います。「欧米に比べてリサイクル率が低い」「焼却処分をリサイクルにカウントするのはおかしい」などと自国の意識の低さを嘆く論調が目につきますが、二酸化炭素の「循環」という観点から考えると、日本のやり方のほうがむしろサステナブルだとも言えるわけです。

そして、欧米の取り組みに私が疑問を感じるのは、廃プラスチックの処理問題だけではありません。もうひとつおかしいと思うのは、自動車の動力源の問題。プロローグで「化石燃料に依存する文明のあり方に終止符を打つ」という米国テスラ社のビジョンを紹介しましたが、ヨーロッパの自動車メーカーも、いまは軒並みガソリン車からＥＶ（電気自動車）へとシフトしています。欧州議会も、二〇三五年までにガソリン車など内燃機関車の新車販売を事実上禁止する法案を二〇二二年六月に可決しました。

その表向きの目的は、言うまでもなく温暖化ガスとしての二酸化炭素の排出削減です。でも、自動車から排出される二酸化炭素を減らす方法は、ＥＶ化だけではありません。実際、ヨーロッパの自動車メーカーの多くは、かつては別の手段を取ろうとしていました。排出ガスに含まれる窒素酸化物などを従来のディーゼル車よりも大幅に低減した「クリーンディーゼル車（ＣＤＶ）」の開発です。

ガソリンではなく軽油を燃料にするディーゼル車は、もともとガソリン車に比べて燃費が良く、ガスの排出量もそれほど多くありませんでした。それをさらに改良して、二酸化炭素の排出を減らそうとするのがＣＤＶです。ガソリンと電気を併用するハイブリッド車も選択肢のひとつですが、その技術では、日本のトヨタ自動車などにかなわない。そのため欧州の自動車メーカーは、クリーンディーゼルの技術を磨くことで市場競争に勝つことを目指しました。

ところが二〇一五年に、そのCDV開発を先頭に立って進めていたフォルクスワーゲン社の不正行為が発覚します。同社は、排出ガスを低減させる装置を台上試験でだけ働かせ、実際の走行では働かないようにする不正ソフトをディーゼル車に組み込んでいました。試験では基準を満たすレベルまで二酸化炭素が抑制されるものの、実走行では基準を大幅に超えるガスが排出される（その代わり燃費や加速性能などは試験よりも良くなる）。ひどい誤魔《ごま》化《か》しもあったものです。対象車は全世界で一一〇〇万台にも達し、「自動車業界最大のスキャンダル」とも言われました。

このフォルクスワーゲン社による最悪の不祥事によって、欧州市場ではディーゼルエンジン車が激減しました。それによって、欧州のほかの自動車メーカーもCDV開発を断念し、EV化に向けて大きく方向転換せざるを得なくなったのです。

EV化のために原発を稼働させるのか?

そういうわけですから、欧州の自動車メーカーにとって、ＥＶ化はいわば窮余の一策。自動車が売れなくなるのは国の経済にとっても一大事ですから、各国政府もそれを懸命に支援します。そういう「大人の事情」が先にあったわけで、「ＥＶは環境に良い」というキレイゴトは後付けの理屈にすぎません。

それがＳＤＧｓの流れに乗ったこともあり、日本でも「ヨーロッパの自動車メーカーはサステナブルな取り組みをしている」というイメージが広まりました。プラゴミ処理問題と同じように、「それに比べて日本は意識が低い」という話になっているわけです。

しかし、ＥＶとハイブリッド車のどちらが環境に良いかは、それぞれの国のエネルギー事情によって異なります。ヨーロッパの場合、たとえばフランスは原子力発電が主流。ドイツは脱原発の方針を示しているものの再生可能エネルギーへの転換が大きく進んでいます。つまり、化石燃料への依存度が低い。そのため、ガソリン車からＥＶに転換すれば、たしかに二酸化炭素の排出は減るでしょう。

一方、日本は福島の事故以来、多くの原発が停止しています。再生可能エネルギーもまだそれほど大きなシェアになっておらず、火力発電がメイン。自動車の動力源をガソリンから電気に転換したところで、その電気をつくるために化石燃料を燃やしているのですから、温室効果ガスの削減効果はありません。欧州と同じ理屈は通用しないのです。

ところが日本国内でも、欧州車のEV化を礼賛し、そちらへ舵《かじ》を切らない国内メーカーを批判する声は小さくありません。私はトヨタの回し者でも何でもありませんが（愛車はホンダです）、欧州と日本のローカルな違いを無視して、欧州の理屈をあたかも「グローバルな正義」であるかのように押しつけるのは、「トヨタを負かしたい」という欧州メーカーの野望を後押しするようなものでしょう。

さらに最近は、走行時の排出ガスだけでなく、自動車の製造工程を含めたライフサイクル全体でガスの排出量を評価すべきだ、という風潮にもなってきました。そうなると、日本のメーカーはますます「サステナブルではない」という話になりかねません。

というのも、国内の工場で自動車を製造するときに使う電気は、当然ですが国内で発電されたものです。そこでも二酸化炭素を排出しているので、車のライフサイクルから生じるトータルな環境負荷は、欧州より高くなってしまうでしょう。

それが「けしからん！」という話になれば、日本ではもう自動車を生産できません。自動車産業が壊滅的な打撃を受ければ、この国の経済的な持続可能性は、考えるのもおそろしいほど損なわれます。

ならば発電による二酸化炭素の排出を減らす方法があるかといえば、いまのところは原発を動かすのがいちばんの早道でしょう。でも、それはそれで日本社会の持続可能性を大きく引き下げるおそれがある。福島で起きたことが再び起こらないという保証はどこにもありません。

自動車工場を、火力発電に依存していない国に移転しても同じこと。たとえばフランスに移転すれば、原発に頼ることになります。グローバルな地球環境の持続可能性を考えれば、「国内の原発事故は怖いから避けるけれど、外国ならかまわない」とは言えません。再生可能エネルギーにシフトしているドイツに移転したところで、そのドイツも電力の不足分をフランスの原発に頼っています。

そうやって、環境・経済・社会の持続可能性を幅広く考えてみれば、欧州のＥＶと日本のハイブリッド車のどちらが良いのかは一概には言えません。それぞれがローカルな事情に応じたやり方で、帳尻を合わせていくしかないでしょう。少なくとも、ＥＶに方向転換した欧州のやり方は、普遍的な正義でも何でもないのです。

現在の地球の二酸化炭素は「微量成分」にすぎない

欧州がローカルな事情で始めたEV化に日本人がグローバルな普遍性を感じてしまうのは、やはりそれが「二酸化炭素排出量の削減」という大きな課題とつながっているからだろうと思います。原発や再生可能エネルギーが生んだ電気で走る欧州車は、たしかに二酸化炭素をあまり出しません。化石燃料からつくった電気とガソリンで走る日本車は、その点では分が悪いと言えるでしょう。

でも、テスラ社のビジョンのように化石燃料への依存度を下げ、石油や石炭や天然ガスを燃やさずにやっていくのは、地球環境にとって本当にサステナブルなのでしょうか。人類の経済や社会のことをいったん脇に置いて、地球史レベルで考えてみると、その見え方はずいぶん違ってきます。

そもそも四六億年におよぶ地球の歴史の中で、現在ほど大気中の二酸化炭素濃度が低かった時期はありません。前にお話ししたとおり、シアノバクテリアが登場して光合成を始めるまで、大気中には酸素がほとんど存在しませんでした。それまで地球の大気に含まれていたのは、おもに水蒸気、二酸化炭素、窒素。その中でも、二酸化炭素は現在よりもはるかに高い濃度でした。恐竜が闊歩《かっぽ》していた時代でも、現在の一〇倍以上の濃度だったと考えられています。そういう時代と比べると、いまの大気に含まれる二酸化炭素は「微量成分」にすぎません。

地球史から見れば、人類の文明が始まったのはごく最近のこと。その時点で、すでに二酸化炭素は微量成分でした。そのため私たち人間は現在の二酸化炭素濃度が常態だと思い込んでいますが、地球科学的に見れば、いまはきわめて異常な状態です。

では、どうして大気中の二酸化炭素濃度がそんなに低くなったのか。地球の外に出て行ってしまったわけではありません。地球が抱える二酸化炭素の量は、(炭素量換算では) 昔もいまも同じです。しかし、生物が生きるために二酸化炭素を使い、それをすべて大気中に戻すことができなかったから、濃度が下がったのです。

二酸化炭素の循環は、おおむね次のようなプロセスをたどります。まず植物が大気中の二酸化炭素を吸収する。その二酸化炭素を原料にした光合成によって、有機物が生み出されます。それによって土壌が豊かなものになりますが、その土壌をこんどは細菌やミミズのような生物が分解して、大気中に二酸化炭素を吐き出す。私たち人間も、植物が光合成によって吐き出した酸素を吸収して、二酸化炭素を吐き出しています。その二酸化炭素をまた植物が吸収して……という具合に循環しているかぎり、大気中の二酸化炭素濃度は変わらない。つまり「持続可能」ということになります。

しかし、いったん吸収された二酸化炭素のすべてが再び大気中に戻るわけではありません。それをため込んだまま、地中に眠っているものがある。それが、石油や石炭などです。動植物の死骸は、土に還れば誰かに分解されるので、二酸化炭素は吐き出されるでしょう。でも、分解されず地中に堆積したまま長い年月を経ると、その多くは化石になります。そうなると、さまざまな物質がそこに閉じ込められた状態になり、外に出てきません。つまり、循環がそこでストップするわけです。

地球はサステナブルでなくても困らない

いまの話からわかるとおり、自然界は必ずしもサステナブルではありません。そう聞くと、意外に思う人もいるでしょう。人間が余計なことをせずに自然のままにしておけば、地球環境はスムーズな循環によって持続するかのようなイメージを持っている人は、少なくないと思います。

でも、それは大きな勘違い。それこそシアノバクテリアの登場や、恐竜を絶滅させたとされる巨大隕石《いんせき》の衝突のように、いきなり地球環境を一変させる大事件が起こることもあるのが自然界です。

二酸化炭素も、有機物が自然に化石となることで大気中から取り除かれ、地中にため込まれました。それが再び動き始めたのは、地球上に私たち人類が出現したからです。人類が石油や石炭を見つけて「こいつは使える」と気づいたことで、ただの化石が「化石燃料」という価値を持つようになりました。大昔の動植物が体の中に蓄えた太陽エネルギーや炭素化合物などを、何億年も経《た》ってから人間が一生懸命に取り出して使っているわけです。

それに伴って、現在は大気中の二酸化炭素が増えているのですが、それに対して地球の生態系がどう反応するか、いまのところ誰にもわからない。増えた二酸化炭素を効率的に利用して、どんどんため込む生物がたくさん出てきてくれれば、二酸化炭素濃度も安定するかもしれません。

もっとも、地球にとっては、二酸化炭素が循環しようがしまいが、とくに問題はありません。べつに、サステナブルであることが地球に良いわけでも悪いわけでもない。しかし人類は、自らリスタートさせた二酸化炭素の循環を、こんどは自分の都合で止めたがっています。二酸化炭素の循環によってマクロな地球環境がサステナブルになると、ミクロな自分たちの暮らしがサステナブルでなくなるというわけです。

勝手な話といえば勝手な話ですが、人類は二酸化炭素濃度が低い環境で誕生したのですから、その状態を「持続」させたいと考えるのは当然の成り行き。大気中の二酸化炭素濃度が大昔のような高さになったら、生物種として大きな進化を遂げないかぎり、生きてはいけません。そうならないことを前提に、私たちの文明は成り立っています。

ですから、いまSDGsをはじめとして世界で広く求められている「循環型社会」や「サステナブルな生き方」といったお題目は、人間の都合に合わせて唱えられているものにすぎません。二酸化炭素の循環も、短いタイムスケールなら人間にとって都合が良いので「サステナブル」なものとして評価される。たとえば、大気中の二酸化炭素を吸った木を燃やしてピザを焼くのは、少なくともヨーロッパの基準では「ＯＫ」です。

ピザを焼くことだけではありません。欧米社会はプラスチックの熱回収には消極的なのに、木材、家畜の排泄物《はいせつぶつ》、食品加工廃棄物、下水汚泥といったいわゆる「バイオマス」（生物資源）を燃やしてエネルギーを得ることには積極的です。これは「再生可能エネルギー」の一種と見なされており、それらを使う「バイオマス発電」も高く評価されています。

バイオマス発電は本当にサステナブルなのか？

しかし同じ「再生可能エネルギー」に分類されてはいても、バイオマス発電は太陽光発電や風力発電などと同列に語れるものではありません。有機物を燃やすのですから当然ですが、バイオマス発電は二酸化炭素を排出します。

それでも「サステナブル」と見なされるのは、燃焼する際、大気から植物が固定した分の二酸化炭素を使うだけなので、大気中の二酸化炭素は増えないという理屈ですが、これはかなり乱暴な話です。

そもそも、森林がどのように成長して、二酸化炭素を吸収していくのかみてみましょう。

まず、何もなかった荒れ地に植物が生え、その光合成によって大気中の二酸化炭素から木質などの植物の体がつくられます。その植物が枯れると、それは地面に堆積しながら、微生物や菌類によって分解され、土壌となります。そして、その上に新たな生命が芽生えて二酸化炭素を固定し、土壌をさらに豊かにしていきます。その森林の生きている植物のからだや土壌に含まれる炭素の分だけ、大気中の二酸化炭素が吸収されたことになるのですが、森林は無限に二酸化炭素を吸収することはできません。土壌が豊かになってくれば、それだけ、その中の菌類や微生物の働きも活発になって、土壌をどんどん水と二酸化炭素に分解していきます。そして、その分解速度と、植物の生長速度が同じになったところで、森全体としては二酸化炭素を吸収も排出もしなくなります。この状態を「極相」と呼びます。この状態の森林を保存したところで、それ以上大気中の二酸化炭素を減らしてくれません。つまり、森林は常に二酸化炭素の吸収源であるわけではないのです。

石油はこれらの有機物が何らかの事情で地中に埋もれて、長い年月の間に変化したものです。ですから、単純に森林のバイオマスを燃焼させれば、石油を燃やすのと大して変わらないことになります。石油と違うのは、その生成時間が短いということです。石油をつくるには億年単位の時間が必要になりますが、森林のバイオマスは数十年単位で再生産が可能です。人間が石油を再生産するには、到底、時間が足りませんが、バイオマスであれば、人間の時間スケールでそれが可能になります。ただ、これを再生産するということは、森林内で微生物が行っていた分解プロセスを人の手が介入して行い、人間活動が森林の生態系の一部として取り込まれる必要があります。つまり、成長したバイオマスを森林から除去してエネルギー源として利用するだけでなく、森林を若い成長の早い状態に保つべく、適切な管理をする必要があります。決して植物が勝手に面倒を見てくれるわけではありません。

したがって、バイオマス＝サステナブルなわけではなく、人間活動が生態系と一体化して、初めてサステナブルとなるのです。これは、そう簡単な話ではありませんし、石油よりは短いとは言え、数十年以上の時間がかかる息の長い話です。

「地球にやさしい生活」という欺瞞《ぎまん》

ＳＤＧｓは、私の理解では「みんなが楽しく幸せに暮らせるようにしよう」という話です。この「みんな」は、基本的に人間のこと。目標の中には生態系の保護なども含まれているので、ほかの生き物のことも念頭には置かれているでしょうが、その「持続可能な利用」も推進するというのですから、海や陸の生き物には人間のための資源という面もある。SDGsの理念である「誰ひとり取り残さない」という言葉は、やはり「人間をひとりも取り残さない」という意味でしょう。

ですから、人間の自己都合で地球資源の使い方を決めるのが悪いとは思いません。ただ、それを「地球にやさしい生活」といったキレイな言葉で包むことには違和感があります。二酸化炭素が循環してもしなくても地球にとっては痛くも痒《かゆ》くもないのと同様、人類がどう行動しようが、地球は喜びも悲しみもしません。

地球そのものは、おそらく太陽の寿命が尽きる五〇億年後まで持続するでしょう。その前に小惑星と衝突するなどして崩壊すれば「地球に厳しい事態」と言えるかもしれませんが、広い宇宙では、日常茶飯事としていくらでもそんなことが起きているはず。地球がなくなっても、宇宙という自然界にとっては痛くも痒くもないわけです。

いずれにしろ、「地球にやさしい生活」という言葉は欺瞞でしかありません。そういうキレイゴトで人間の自己都合を覆い隠すから、ローカルな個別の事情を脇に置いて、あたかも「グローバルな正義」があるように思い込んでしまう。「正義」に目覚めた若者が先鋭化して過激な行動に走るのも、キレイゴトをそのまま素直に受け入れてしまうせいかもしれません。逆に「どうせ人間の都合だ」と思っていれば、無理に自分を追い込んでサステナブル疲れなど感じることもないでしょう。

環境問題は東西冷戦後の政治課題として浮上した

前にもお話ししたとおり、地球環境問題が世界で注目されるようになったのは、「二酸化炭素が地球温暖化を引き起こす」というハンセン証言がきっかけでした。じつは、それが国際的な重要課題になったのも、純粋な正義感のみに基づくわけではありません。

というのも、ハンセン証言があったのは一九八八年のこと。米ソ対立による東西冷戦構造が終焉《しゅうえん》を迎え、ベルリンの壁が崩壊する前年です。

それまでの世界にとって政治的な最重要課題は、言うまでもなく核戦争の防止でした。米ソ両大国のあいだで核戦争が始まれば、一瞬で人類が滅亡してしまう可能性もあるのですから、これ以上の危機はありません。

ですから、国際社会を舞台に活動する政治家たちにとっては、いかに東西両陣営の緊張をやわらげるか、あるいは双方が所有する核弾頭の数をいかに減らすかといった問題が何よりも大事でした。たとえば核戦争の一歩手前だったとされる一九六二年のキューバ危機の頃に、「地球が温暖化する！」とハンセンが訴えたとしても、「そんな呑気《のんき》な話をしている場合ではない」と一蹴され、何の関心も寄せられなかったでしょう。地球の平均気温が一度上がったとしても、そんなものは核戦争の恐怖に比べれば吹けば飛ぶような話です。

しかしハンセン証言が行われたとき、すでに東西冷戦は終わろうとしていました。ソ連のゴルバチョフ書記長と米国のレーガン大統領が首脳会談を重ねることで、東西の緊張緩和が一気に進んだのがこの頃です。ハンセン証言から三年後の一九九一年には、ソビエト連邦が解体。核戦争の危機は遠のきます。

これによって、それまで核軍縮などに取り組んでいた多くの政治家が重要な活躍の場を失いました。そんな彼らが「次の国際的な課題は何だ」と新たな仕事を虎視《こし》眈々《たんたん》と模索していたところに浮上したのが、地球温暖化問題です。自由主義体制と社会主義体制の対立が終わり、国際社会がグローバル化に向かおうとしているときに、まさにグローバルな課題が出てきた。このバスに世界の政治家たちが一斉に乗り込んだことで、地球温暖化は国際社会の重要課題となったわけです。

「人間活動主因説」はすべての科学者のコンセンサスではない

大学で地球科学に取り組んでいる私たち研究者は、当時、急に地球環境の話が政治問題になったことに戸惑いました。大気中の二酸化炭素濃度が高まっていることは、もちろん知っています。でも、それによって地球が温暖化するかというと、たしかにその可能性は高いように思われるけれど、それほどでもないかもしれません。確実なことは誰にもわからないのです。

したがって、仮に人間による二酸化炭素の排出をすべて止めたとしても、それによって気温がどう変化するかはわかりません。地球の気候はきわめて複雑なシステムなので、何が気温の変動要因なのかを突き止めるのはとても難しい。「人間が二酸化炭素排出量を減らせば気温が下がる」という単純な話ではないのです。

ところが一九九〇年代に入ると、国際的な会議で二酸化炭素の排出削減目標が具体的な数値を伴って出されるようになりました。そうなると、世論も「何とかして温暖化を防がなければ」という方向に動きます。確たる科学的根拠もないまま、二酸化炭素の排出削減というテーマがひとり歩きし、当然の既定路線となっていくような印象でした。

大学に身を置く者としていちばん不健全だと感じたのは、「温暖化問題を研究する」と言えば研究費を得やすくなったことです。そのため、直接的にはあまり関係がなくても、自分の研究テーマを強引に温暖化問題と結びつけて資金を集める人たちも出てきました。

九〇年代は、昨今の「選択と集中」路線につながる研究費のしぼり込みが始まった時期でもあります。「大学は無駄なことばかりやっているのではないか」と疑われるようになったので、役に立つ研究と見なされなければ「選択」されません。研究者としては「これは決して無駄な研究ではありません」とアピールする必要がある。それは、わかります。

でも、いくら方便とはいえ、ある意味で役人を騙《だま》してお金を取ってくるのですから、褒められたことではありません。私自身は、当時から「これはヤバいと思うよ」と強い危機感を持っていました。役人を騙すのはともかく、そうやって取ってきた資金で研究を進めるにあたっては、そこに参加する学生たちも騙すことになってしまうからです。学問の進め方として誠実なものとは思えません。

これも「キレイゴト」と言われてしまうかもしれませんが、自然科学の研究は、政治的な事情に左右されることなく、サイエンスのルールに沿ってフェアに真理を探るからこそ「オモロい」ものになります。ところが温暖化研究は、どんどん政治色を強めていきました。

科学的には、地球温暖化の原因が人為的な二酸化炭素の排出なのか、それとも自然変動なのかは、まだ完全に決着したわけではありません。「人間活動主因説」がもっとも確からしいのは事実ですが、それでも諸説あるのが実情です。

たとえば、筑波大学計算科学研究センターの田中博教授は、「温暖化の半分は自然変動で説明できる」と主張しています。二酸化炭素の増大などの人間活動だけでなく、太陽放射の変動や火山噴火などの外的要因による気候変動も温暖化の原因になっているというわけです。田中教授は、大気大循環を専門とする気象学者。その研究は、二〇二一年にノーベル物理学賞を受賞した眞鍋《まなべ》淑郎《しゅくろう》さんが構築した気候モデルに基づくものです。

しかし、その田中教授自身が述べた「日経ビジネス」のサイトの記事[*1]では、こんなエピソードが明かされていました。日本気象学会が、中立的な立場で地球温暖化に対する意見をまとめるために立ち上げた「地球環境問題委員会」が、その成果をまとめた書籍を二〇一四年に出そうとしたときのこと。国連のＩＰＣＣ（気候変動に関する政府間パネル）に所属する執筆者に査読を依頼したところ、自分自身の見解と異なる主張を原稿から削除してしまいました。削除部分には、田中教授の主張も含まれていたそうです。

田中教授はその記事の中で、〈この頃から、日本では「温暖化は人為的なCO$_2$排出が主因であることは明白。もう決着した」という見方が支配的になり、異論をはさまないことが「大人の対応」といわれるようになりました〉〈ある時から、〝政治〟が〝科学〟を凌《りよう》駕《が》するようになりました〉などと嘆いていました。傾聴すべき発言です。

ここで誤解しないでほしいのですが、田中教授も私も「人間活動主因説がウソだ」と言っているのではありません。それは現在ではもっとも確からしい説です。しかし、それ以外の考え方をすると、まるで悪者であるかのような言われ方をする風潮は、非常に危険だと言いたいのです。

温暖化より氷期になるほうが心配

もちろん、地球温暖化に人間の活動が何らかの影響を与えていること自体は確かでしょう。二酸化炭素が温暖化物質であることは間違いないので、それが増えれば気温は上がって当たり前。ノーベル賞受賞者の眞鍋淑郎さんも、アンソニー・J・ブロッコリー氏との共著『地球温暖化はなぜ起こるのか』（講談社ブルーバックス）の中で、〈産業革命以降、人間活動が原因で大気組成も地球の気候も変化してきたことは疑う余地がない。（中略）その最大の原因はエネルギーを作るための化石燃料の燃焼にある〉と書いています。

しかし、本当にそれだけが温暖化の原因なのかどうかは、先述のとおりまだ議論の余地があります。そして、それよりもっとわからないのは、「これからの地球環境がどうなるか」という将来に向けた見通しです。

二酸化炭素の排出を止めても、それによって温暖化がおさまるという保証はありません。気象という複雑なシステムの変化に何がどれぐらいの影響をおよぼすかという計算は、じつに困難です。それも、予測期間が長いほど難しい。数年間のレベルなら大気のことだけ考えればおおむね見当がつきますが、一〇年を超えるスパンになると、海のことも考慮しなければいけません。大気の変化に、海水の循環が関係してくるからです。

ＩＰＣＣは今後一〇〇年ぐらいのスパンで気候変動をシミュレーションしているので、海のことも計算に入れているでしょう。ただし、そこで考慮されているのは海の表層だけだと思います。もっと長いスパンで気象変化を見通すなら、海の深層まで含めた循環を計算に入れなければいけません。

地球はこの一〇〇万年くらいのあいだ、氷期と間氷期を約一〇万年のサイクルでくり返してきました。そのサイクルがどうやって決まるのかはいまだに謎ですが、その一〇万年のうち、間氷期は一万～二万年しかありません。現在の間氷期は、すでに一万年ほど続いています。そのため一九七〇年代までは、そろそろ氷期になってしまうのではないかと言われていました。温暖化ではなく、寒冷化が心配されていたのです。

もちろん、一〇万年サイクルがいつまでもくり返されるという保証もありません。いまの間氷期が、もっと長く続くこともあり得るでしょう。この一〇〇万年間は氷期と間氷期が一〇万年サイクルでしたが、過去には温暖な状態が長く安定していた時期もありました。

直近では、一億年ほど前の恐竜がいた時代がそうです。

あれほど大きな恐竜たちが長く繁栄したのですから、生物にとって悪い時代ではなかったでしょう。定期的に氷期が訪れる地球は、あまり住み心地が良いとは言えません。人類は長い歴史の中で氷期を何度も経験していますが、現在のような億単位の人口で氷期を過ごした経験はありません。おそらく、いまの人口で氷期を迎えれば、食糧危機に直面することになるでしょう。このまま温暖化が続いて氷期が来ないなら、それはそれでありがたいことかもしれません。

どちらにしても、現在の間氷期の気候が何万年も続くことは期待できません。現在の気候は決してサステナブルではないので、この状態が「地球の正しい姿」と思うことは危険です。

海の水が地球を一周するには一〇〇〇年かかる

しかし、どうなるかはまだ誰にもわかりません。そういうタイムスケールの気象メカニズムを理解するには、海の深層対流のことを知る必要があります。

ただし、一〇年や二〇年の観測ではその影響を知ることはできません。グリーンランド沖で冷たい海水が深層に沈み込み、それが地球を一周して戻ってくるまで、一〇〇〇年もかかります。つまり、その対流が一周するあいだに気象がどのように変化するかは、まだ一度も確かめられていないということです。

一九七〇年代の中頃には、ニンバスという地球観測衛星によって、南極のウェッデル海という海域にも重たい水が沈み込む場所があることがわかりました。ニンバスが観測を始めた年にはウェッデル海が氷で覆われましたが、その翌年には、氷の一部が消えて、日本列島が丸ごと入るぐらいの空間ができた。その状態が三年ほど続きました。その後の調査では、どうやら海の下のほうにあった温かい水と、上のほうの冷たい水が鉛直方向の対流によってひっくり返り、それによって局地的に氷が融《と》けたのだろうと考えられています。

その現象が観測されたのはその一度だけ。それ以降は何十年間も観測されていないので、どれぐらいの頻度で起こるのかわかりません。もしかしたら一〇〇年に一度かもしれない。だとすると、一〇〇〇年かけて海水がぐるりと一周するあいだに、一〇回だけその現象が起こることになります。海水全体を一周させるエネルギーの供給源としては、それぐらいで十分なのかもしれません。

しかし、なにしろ一度しか観測されていないので、本当のところはまったく不明。あと五〇年ぐらい経てば二度目が観測されるかもしれませんが、一〇〇年経っても起こらないかもしれない。そもそも一定の周期でくり返されるかどうかもわからないし、観測されたのが最後で、もう起こらない可能性だってあるでしょう。こうした自然現象を理解するには長いタイムスケールが必要で、私たちの観測期間は短すぎるのです。

しかも、仮に一〇〇〇年かけて一周するあいだの気象変化を観測できたとしても、そこで得られるデータはその一回分だけ。短期の天気予報がかなりの精度で的中するようになったのは、過去の膨大なデータがあるからです。それを踏まえてシミュレーションのやり方を調整しているので、どんどん精度が上がっていく。しかしロングスパンの気象変化はデータの蓄積がないので、そういうことができません。

ＩＰＣＣの気候変動シミュレーションも、一〇〇年という短期的な予測なので、過去のデータからそれなりの精度があるでしょう。でも、五〇〇年、一〇〇〇年というタイムスケールで分析できているわけではありません。

ちなみに、「世界一スパコンを使う男」とも呼ばれた眞鍋さんは、大気の対流だけでなく、海の対流も条件に加えた長期の気候変動シミュレーションを行いました。その結果、現在の温暖化がきっかけとなって、地球が氷期に突入する可能性があることを指摘しています。これは、十分にあり得ることでしょう。

地球ではおよそ一万三〇〇〇年前に、氷期が終わって間氷期に入った直後に、一年に三度というペースで気温が下がり、また氷期に逆戻りしたことがあります。「ヤンガードリアス期」と呼ばれており、これは一三〇〇年ぐらい続きました。原因は定かではありませんが、もっともらしい仮説はあります。

まず、氷期が終わって気温が上がり、アメリカ大陸の北側の氷河が融けた。その水が地形のせいで堰《せ》き止められて、いったん湖になります。しかしやがて堰き止めていた地形が崩壊し、大量の真水が一気に北大西洋に流れ込む。それによって、グリーンランド沖で深く沈み込んでいた水の塩分濃度が下がった。そのせいで海水の対流が止まり、高緯度の場所に熱を運べなくなったことで気温が下がり、氷期に逆戻りした——というわけです。

仮説ではありますが、それと似たようなことが、温暖化によって起こる可能性はあるでしょう。いまの地球は、海の循環の強さが昔よりも弱まっているという話もあります。もし温暖化した上に海の循環が止まれば、おそらく高緯度の場所は寒冷化する。そこで氷河が発達することで地球全体が氷期を迎えるというシナリオが考えられるのです。

しかしIPCCの気象変動予測には、海の深層対流という要素が入っていない。一〇〇年スパンの温暖化は予測できても、その先に氷期がある可能性については考慮されていないわけです。もちろん、眞鍋さんのコンピュータ・シミュレーションも、あくまでひとつの可能性を示しただけのものですから、精度の高い予測ではありません。ただ、いずれにしても、いまの間氷期がいつまでも続くと考える理由はない。過酷な氷期の到来も視野に入れなければ、人類の持続可能性を語ることはできないと思います。

眞鍋さんは「複雑系科学」で初のノーベル賞

一般のメディアでは、眞鍋さんは「地球温暖化を予測した業績を評価されてノーベル賞を受賞した」と強調されます。そのため、「科学やテクノロジーが発達すれば、未来予測はできる」と信じている人も多いでしょう。

でも、たしかに眞鍋さんの温暖化予測は的中しましたが、その研究でもっとも価値があるのはそこではありません。眞鍋さんの研究では、海と大気の変化を同じ条件でシミュレーションした結果、温暖化した現在の対流と氷期の対流の両方の答えが出ました。同じ条件から始めても、複数の答えが出る。これを「多重解」といいます。

海の対流に多重解があることは、米国の海洋物理学者ヘンリー・ストンメルによって、かなり早い段階で指摘されていました。それを初めてコンピュータ・シミュレーションによって明快に示したのが、眞鍋さんの論文です。極地の海と低緯度の海という簡単なモデルを設定し、そこで海流をぐるぐると回すと塩分や温度がどう変化するかをシミュレートした。そうしたら、温かい海と冷たい海という多重解が得られたのです。

眞鍋さんにノーベル賞を授与するにあたって、スウェーデン王立科学アカデミーがプレスリリースで第一に掲げた理由は「複雑な物理システムの理解に画期的な貢献をした業績に対して」というものでした。地球環境や温暖化といった具体的な問題への貢献も大事ですが、学術的にもっとも意義深いのはここです。

それまでのノーベル物理学賞は、宇宙論、素粒子物理学、量子力学、物性物理などに与えられてきました。しかし眞鍋さんの場合は、初めて「複雑系」と呼ばれる大きな科学の分野に対してノーベル賞が与えられたのです。

複雑系とは、複数の要因が相互に関連することで、全体として何らかの性質を持つ系のこと。気象以外にも、私たちの身の回りにはそういうものがいくらでもあります。個々の人間が相互に関連する社会自体がそうですから、決して特別なものではありません。

それが研究対象として興味深いのは、全体としての振る舞いが部分に還元できない、ということが起こるからです。たとえば身近なところでも、数人のグループで旅行や食事の行き先を決めるとき、じつは誰ひとりそこに行きたいと思っていない土地や店を選んでしまうことがあります。グループ全体の行動を個々の考えに還元できるなら、そんなことは起きません。

このように、部分同士の相互作用によって、全体は思いがけない動きをします。つまり、全体は部分の総和ではないのです。相互作用している個々の要因をすべて理解していても、それを足し合わせれば全体が理解できるというわけではない。そのような地球環境の姿を、シミュレーションを通して明らかにしてきたのが眞鍋さんなのです。

「カオス」は近代科学を根っこから揺さぶる発見

その複雑系の研究の中でも、未来が予測不能であることを明らかにして衝撃を与えたのが、米国の気象学者・数学者のエドワード・ローレンツが発見した「カオス」という現象でした。カオスの概念は、複雑系科学にとってきわめて重要なものになっています。ローレンツは二〇〇八年に亡くなりましたが、もし二〇二一年に存命であったなら、複雑系科学の先駆者として、眞鍋さんとノーベル賞を共同受賞したかもしれません。そうなっていたら、眞鍋さんの業績に対する世間の理解もより深まったことでしょう。

ローレンツの発見したカオスが衝撃的だったのは、それまで近代科学が信じてきた決定論的な考え方を大きく揺さぶるものだったからです。

自然界は物理学の法則にしたがうので、原因がわかれば結果もわかる（結果がわかればその原因もわかる）——簡単に言えば、それが決定論です。たとえばニュートンの運動方程式（$F=ma$）があれば、物体の質量（m）や加速度（a）などの初期条件を知ることで、惑星であれ大砲の弾であれ、将来の位置を計算で予測できる。一八世紀から一九世紀にかけてニュートン力学を突き詰めて研究したフランスの物理学者ピエール＝シモン・ラプラスは、こんな言葉を残しています。

ある知性が、与えられた時点において、自然を動かしているすべての力と自然を構成しているすべての存在物の各々の状況を知っているとし、さらにこれらの与えられた情報を分析する能力をもっているとしたならば（中略）この知性にとって不確かなものは何一つないであろうし、その目には未来も過去と同様に現存することであろう。

（『確率の哲学的試論』内井惣七訳、岩波文庫）

ここで仮定された完璧な情報と分析能力を持つ知性のことを「ラプラスの悪魔」と呼びます。この世に存在するすべての原子の位置と運動量をラプラスの悪魔が知れば、自然界の未来を完全に予測できる――「因果律」に基づくこうした考え方は、二〇世紀に入ってからも自然科学の「常識」と言えるものでした。

現実にはラプラスの悪魔などいないので、技術的には完全な未来予測はできません。しかし因果律がある以上、宇宙が生まれたときの初期条件によって、この世で何が起きるかはすでに決定していると考える。だから（技術的には難しいけれど）原理的には未来は予測できる、というわけです。

わずかな初期値のズレが未来予測を不可能にする

ところが一九六〇年代の初頭に、この自然科学の常識をローレンツが覆しました。彼が取り組んだのは、気象の数値予測。要するに、天気予報です。まさに「未来予測」そのものの研究テーマだと言えるでしょう。

当時は、気象学の分野にコンピュータが導入され始めていました。気象の数値予測には、流体力学や熱力学などの方程式を使います。そこに初期条件の数値を入れて、高性能のコンピュータで計算を行えば、何年先の気象でも正確な長期予測ができると思われていました。まさに「ラプラスの悪魔」のような話です。

そのため多くの気象学者がいかにコンピュータの性能を上げるかを考えていたのですが、あまり研究費のなかったローレンツは、パワーのない小さなコンピュータしか使えませんでした。しかし数学者でもあったので、コンピュータのパワーに頼らず、問題をシンプルに解く手法を選びます。彼は、問題を極端に簡略化して計算を行いました。

ローレンツが流体力学の方程式に入れた変数は、たったの三つです。下で温められた大気が上昇し、上で冷やされた大気が下降するという単純な対流だけを対象にしたため、上と下の温度差、対流の強さ、そして対流によって生じる温度のムラの三変数だけで計算しました。ふつうの気象学者なら、地球の自転が大気の変化に与える影響など、ほかにもたくさんある変数を無視できません。そうしなければ、気象という複雑な現象は理解できないと考えます。ある意味で、ローレンツの計算は非常識なほどシンプルなものでした。

ところが、このシンプルな計算から驚くべき結果が出ました。流体力学の方程式は、通常、その計算結果に「最終的にゼロになる」「無限大に発散する」「周期的な解が出る」という三つのパターンがあります。周期的な解が出れば、計算が可能ということ。つまり、未来の気象が予測できるということです。

でも、ローレンツの計算結果はどれでもありませんでした。ならば、どんなものだったのか。彼の計算結果を図で示したものを見てもらいましょう。カオス理論を象徴する

「ローレンツ・アトラクター」という有名な図です。

ご覧のとおり、渦巻のようにぐるぐる回っていますが、これは周期的な解ではありません。ぐるっと回った行き先が、その前の渦とは少しずつズレていきます。先の三つのパターンのどれにもあてはまりません。「無限大に発散する」わけでもないので、だいたい同じところをぐるぐる回るのですが、二度と同じところを通りません。そして困ったことに、初期値（出発点）がほんのちょっと違うだけで、将来の答えがまるで違ってしまうのです。これは、天気予報のように現実の現象を扱う際には致命的な問題になります。大気の温度や対流の強さなどの初期値は観測によって決まるものなので、誤差は避けられません。現実には三桁とか四桁の有限の桁数しか測定できませんが、真の値は小数点以下の数字が無限に続くので、それを完璧に知るのはラプラスの悪魔でも無理です。そして、計算結果はそのわずかな初期値の違いによって、大きく変わってしまう。このことを比喩的に表現したローレンツの有名な言葉があります。

「ブラジルで一匹の蝶《ちょう》が羽ばたくと、テキサスで竜巻が起こる」

いわゆる「バタフライ効果」です。はるか遠くで羽ばたく蝶が気象に与える影響など、

ローレンツ・アトラクター

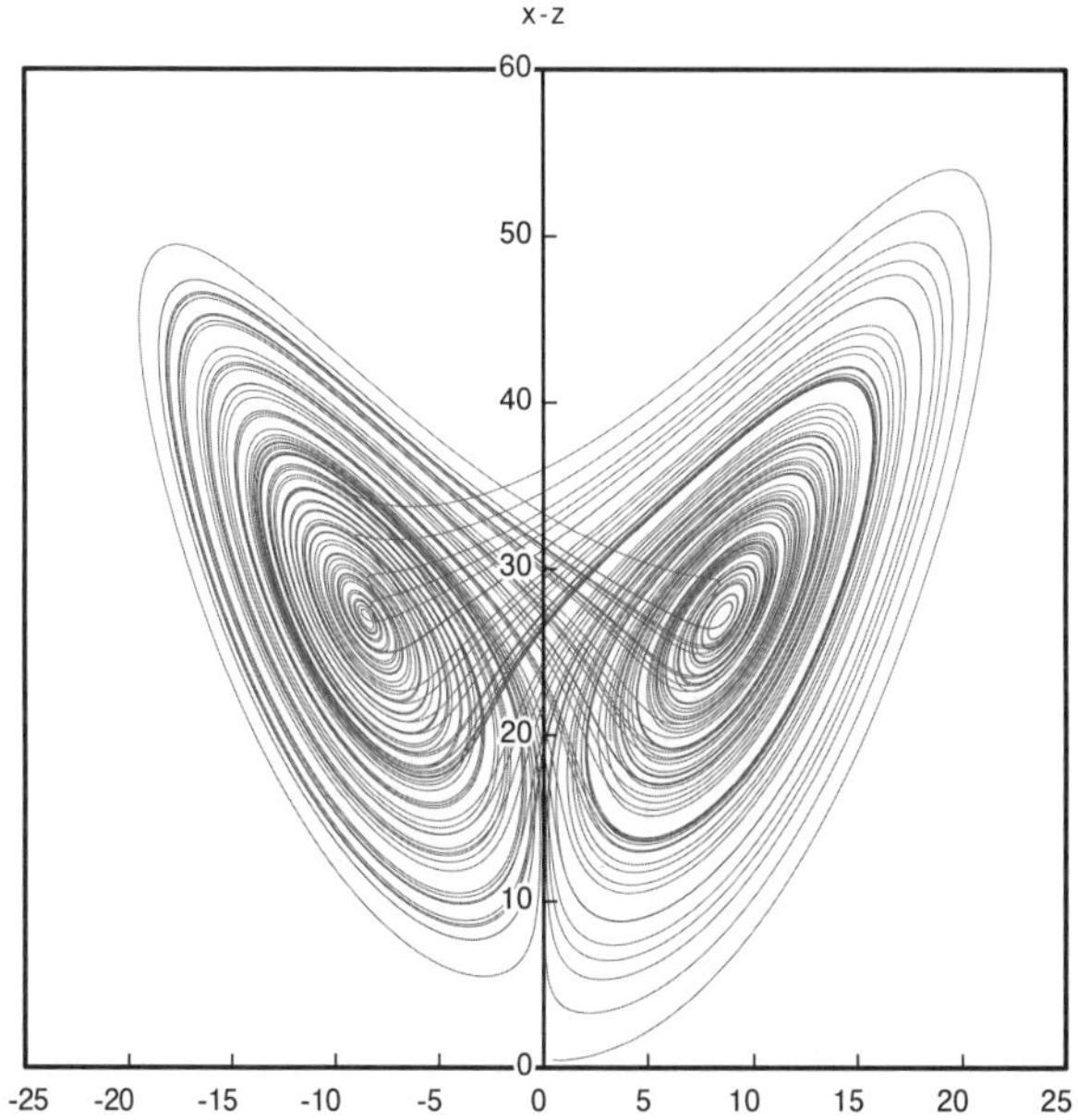

$$\begin{cases} \dfrac{dx}{dt} = a(y-x) \\ \dfrac{dy}{dt} = bx-y-xz \\ \dfrac{dz}{dt} = xy-cz \end{cases}$$

図版作成：株式会社クリエイティブメッセンジャー

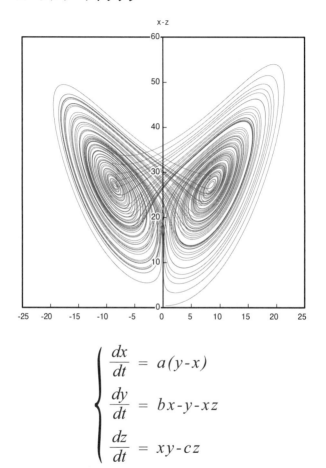

誰も把握できません。したがって、気象の長期的な数値予測は原理的に不可能なのです。

温暖化の停滞を予測できなかったＩＰＣＣ

ローレンツの計算は抽象的な数学モデルによるものなので、気象学の分野だけで通用するものではありません。そこには普遍性があり、あらゆる自然現象の未来予測に同じ問題が発生します。だからこそ、この「カオス現象」の発見は、近代科学の根幹を揺さぶりました。

カオスは、自然現象の因果律そのものを否定するものではありません。あらゆる現象には必ず原因があります。でも、その原因と結果のつながりは、必ずしも明確にわかるものではない。ローレンツの計算は、そのことを明らかにしました。したがって、因果律は存在していても、現在の状態から未来を予測することはできないし、過去にあったはずの原因を特定することもできないのです。

実際、ＩＰＣＣも温暖化の予測を外しました。一九九〇年代に報告されたＩＰＣＣのシミュレーションによれば、温暖化は加速度的に進むはずでしたが、一九九八年からの約一五年間、気温の上昇が停滞したのです。この「ハイエイタス」と呼ばれる現象を、IPCCは予測できませんでした。

ハイエイタスが起きた原因については諸説[*2]あります。もしかすると、海面水温の長期的な変動によるものかもしれません。IPCCも温暖化予測が外れた理由をいろいろと挙げていますが、後付けならいくらでも理屈をつけて説明はできるものの、そのような自然変動をシミュレーションによって完全に予測するのはほぼ不可能です。

ですから、この世界がカオスである以上、私たちは「これから何が起こるかは正確に知ることができない」という前提で物事を考えなければいけません。シミュレーションの予測値は、あくまでもひとつの仮説です。

短いタイムスケールの気象変化については、シミュレーションの精度は飛躍的に高まりました。たとえば翌日の台風や大雪はかなり正確に予測できるようになったので、交通機関が前夜のうちに「計画運休」を決められるまでになっています。それぐらい、天気予報に対する信頼感は高まりました。

しかし長期的な気候変動については、それに合わせて「計画」を立てられるような予測などできません。温暖化を予測するシミュレーション結果に基づいて、「気温の上昇を止めるには二酸化炭素の排出量を何パーセント削減すればよいか」と計画を立てても、その計算どおりに事が運ぶとはかぎらないのです。

カオスの発見に強い衝撃を受けて以来、複雑なシステムの時間発展（変化）を予測するのはきわめて困難であることが、徐々に常識になりつつあります。しかし、まだ、多くの分野では、その常識があまり浸透していないようにも見えます。

だから政治の世界でも、社会を良い方向にコントロールするための「正しい計画」が必ず存在するかのような誤解が根強くあるのではないかと思います。そういう計画を明確な「公約」として掲げなければ、政治が世の中の信頼を得られないという事情もあるでしょう。でも実際には、どんなに多くの情報を集めて分析しても、自然を人為的にコントロールすることはできないのです。

第四章　無計画だからこそうまくいくスケールフリーな世界

生物の進化は無計画な「結果オーライ」

政治や経済の世界では、よく「いまは将来の予測が困難な時代だ」などと言われます。一九九〇年代に軍事用語として生まれた「VUCA《ブーカ》」なる言葉が、近年はビジネス界のキーワードのひとつにもなっているようですが、それも社会が変化し将来が予測できないことへの不安が高まっているせいでしょう（ちなみにVUCAとは、「変動性・不確実性・複雑性・曖昧性」を意味する英語の頭文字を並べたものです）。

しかしこの認識は、半分しか正しくありません。たしかに私たちは、未来の予測が難しい不確実で複雑な世界で生きています。でも、それがいまの時代にかぎった話ではないことは、前章でカオスのことを知ったみなさんには、もうおわかりでしょう。この世に、将来の予測が簡単な時代はありません。

人類、いや地球上に生命が誕生したときから、いわば世界はＶＵＣＡに満ちていました。これからも、それは変わりません。だから、社会や企業やそれぞれの個人などが、生き延びるために未来に向けた計画を立てるのは難しい。この世の中は人間の計画どおりには動かないのです。

でも、そういう世の中が必ずしも生きにくいというわけではありません。実際、生物はこの地球上で四〇億年もの長きにわたって進化を続け、生態系を持続させてきました。そこには、何の計画もありません。誰かが周到にデザインしたのではなく、まったく無計画で場当たり的に積み重ねられてきたのが、生物の進化というものです。

そもそも進化には目的がありません。たまたま遺伝子のコピーミスで生まれた変異体が、そのときの環境に適合していれば生き残り、子孫を残すことができる。それが、チャールズ・ダーウィンが発見した進化のメカニズムです。

たとえばキリンは、「高い木の葉を食べられるようになろう」という目的がまず設定されていて、そのために計画的に首を長くしたのではありません。ちょっとした手違いで首が長い体に生まれついてしまった変異体が、運良くその体で生きていける環境に出会ったから、新しい種として繁栄することができました。つまり、進化とは「結果オーライ」の現象なのです。

大半の変異体は運に恵まれず（というか変異体に生まれたこと自体がふつうは不運なのですが）、子孫を残す確率が下がります。幸運な変異体はほんのひと握りですから、進化は非常に効率の悪いものです。

とはいえ、ここで重要なのは、最適な変異体以外が即座に絶滅してしまうわけではない、ということ。いくらか効率が悪くても、生き残れるレベルの変異体はたくさんあります。また、十分な数の子孫を残せず、いずれ絶滅に向かう運命のものであっても、一定期間は生存可能。つまり、致命的な変異でなければ一定期間はいろいろな個体が共存できるのです。

そして、その間に環境が変われば、その優劣も変わってしまいます。そもそも生物は生きているだけでまわりの環境を変えてしまいますから、たとえある瞬間に有利だったとしても、それが将来にわたって保証されるわけではありません。生態系の全体を把握しているものがない以上、何が最適なのかは時間が経ってみないと誰にもわからないのです。

もし生物界を支配する誰かが効率の良さを求めて、「今後の地球環境はこうなるはずだ」と予測し、それに基づいて進化を計画的にデザインしていたら、生物はこれほど多様なものにならなかったでしょう。目的に対して最適化された形質だけが選ばれ、どの生物も似たりよったりのものになったはずです。しかしその生物は、ひとたび予測と異なる環境変化が生じると、それに適応できません。計画的に同じような生物ばかりを効率良く揃《そろ》えていたら、地球上の生命は（人類が誕生する前に）すべて絶滅していたでしょう。

偶然の突然変異は、無計画に多様な生物を生み出しました。この多様性があるからこそ、誰かがその時々の環境に適応して生き残り、その結果、豊かな生態系が現在まで持続してきたのです。カオスな世界では、そういう行き当たりばったりの無計画な生き方が、結果的には功を奏するということです。

倍々ゲームで増殖すると種は持続しない

生物が無計画なのは、進化だけではありません。たまたま生き残りに成功した種の繁殖も、無節操に進んでいきます。生きるために必要な地球資源は有限ですが、生物はその持続可能性など考えることなく、どんどん増殖していくのです。

たとえば、もっとも原始的な単細胞生物は、一匹が二匹、二匹が四匹……という具合に細胞分裂によって指数関数的に（つまり倍々ゲームで）増殖していきます。そのペースはさまざまですが、深海には一年に一回ぐらいしか分裂しない生物もいるといいますから、それほど速いものではありません。でも、たとえ年に一度のペースでも、四年後には一六匹（＝二の四乗）になり、桁がひとつ上がります。

ドラえもんが好きな人は、「バイバイン」というひみつ道具をご存じかもしれません。大好きな栗まんじゅうが「食べてもなくならないようにできないかなあ…」とのび太が嘆くので、ドラえもんは「ふやしたまんじゅうはのこさないで食べること！」と約束させた上で、かけてから五分でまんじゅうが二倍に増えるバイバインという薬を使いました。五分に一個のペースで食べ続ければ、たしかに「食べてもなくならない」ことになります。

でも、食べ続けられるわけがありません。食べきれなくなったのび太は、こっそり栗まんじゅうをゴミ箱に捨ててしまいました。放っておくと一時間で四〇九六個、二時間で一六七七万七二一六個に増えてしまうので、大変です。一日で、地球が栗まんじゅうで埋もれてしまう。慌てたドラえもんは、ゴミ箱からあふれた栗まんじゅうを集めて小型ロケットで宇宙空間に捨てるという大胆な方法で事態を収拾します（しかし宇宙空間でも栗まんじゅうは増殖するので、その後どうなったのか心配です）。

単細胞生物も、指数関数的に増殖を続ければ二〇〇〇年ぐらいで地球を埋め尽くしてしまうでしょう。自分たちで地球を埋め尽くしてしまったら、生きていくのに必要な資源がもう手に入りません。いい気になってサステナブルな繁栄を謳歌《おうか》しているうちに、自分で自分の首を絞めるように、資源を食い尽くして持続可能性を失うわけです。

でも実際には、どんな生物も倍々ゲームで繁殖し続けることはありません。個体数が極端に増えも減りもしない定常状態を保っています。その生物を「資源」として消費する、ほかの生物が現れるからです。ドラえもんがバイバインで増やした栗まんじゅうも、それを食べるのび太が増殖すれば地球を埋め尽くす心配はなかったでしょう。

食われる個体にとって、捕食者の出現は不都合な事態です。でも、自分たちが生きる上で都合のいい環境だけが続くと、個体数が増えすぎてしまって、その環境とのバランスが取れなくなる。全体が安定した持続可能性を保つには、捕食者の存在はむしろ都合がいいということになります。

カオスに秩序をもたらすスケールフリーネットワーク

そして、このバランスは計画的に保てるものではありません。誰も設計図を描いていないのに、さまざまな生物や環境条件がごちゃごちゃと複雑に組み合わさることで、結果的に全体としてはなんとなく辻褄が合う。それが、生態系という秩序です。それぞれが自分の都合で勝手気ままに生きているのですから、その世界は無秩序なものになりそうなのに、実際にはそうはなりません。

このあたりが、カオスな世界の面白いところです。カオスは「混沌《こんとん》」という意味ですから、秩序とは無縁なものに思えますが、じつはそうではない。未来は予測不能だけれども、そこにはある種の秩序が生まれてしまうのです。

ただしそれは、人間の社会が意図的に築き上げる秩序とはまったく違います。たとえば、国家は人間がつくる秩序のひとつです。そこには、中央政府の下に地方自治体があり、その下に一人ひとりの国民がいるという構造がある。中央が決めた法律によって、全体をコントロールするのが国家というのが秩序の基本です。会社などの組織も同じで、社長をはじめとする上層部の意思決定が、全体の行動をコントロールします。

しかしカオスな複雑系のシステムには、中央政府や上層部のようなものがありません。誰もルールを決めていないし、方向性も示していないのに、システムそのものが勝手に自己組織化をしています。生物の進化がそうであるように、そこには何の意思も目的もない。結果的に否応《いやおう》なくそうなってしまっただけであるにもかかわらず、複雑系のシステムにはある共通の秩序が生まれてしまうのです。

その秩序のあり方は、ネットワークの研究から見えてきました。生態系を成り立たせる食物連鎖のほかにも、自然界や人間社会にはさまざまなネットワークがあります。昆虫のコロニー、脳の神経細胞のつながり、航空機の路線や電線、企業同士の提携関係や個人の交友関係、そしてインターネット。こうした複雑なネットワークに、共通の構造（秩序）

があることがわかってきました。それを「スケールフリーネットワーク」もしくは「スケールフリー構造」と呼びます。

これは、「基準（スケール）」が「ない（フリー）」という意味だと思えばいいでしょう。たとえば、人間の交友関係のネットワーク。もしそこに特別な秩序がないのであれば、ネットワークを形成する各個人の「友人の数」は偶然によってランダムに決まります。その場合、「ふつう、人にはこれぐらい友人がいる」と言えるような数値が存在するはず。もちろん、友人の数は人それぞれ異なりますが、データを取ってグラフにすると、平均値のあたりに属する人がいちばん多くなるはずです。

そういう分布になるものは少なくありません。たとえば人間の身長はランダムに決まるので、身長の低いほうから高いほうまでグラフを描くと、両端（つまり低い人と高い人）が少なく、真ん中の平均値に近い身長がいちばん多くなります。二〇代の日本人男性の場合、平均身長は一七一・五センチメートル（二〇一九年・厚生労働省調べ）。それを「ふつうの人の身長」と呼ぶのはやや語弊がありますが、二〇代の日本人男性の標準的な身長はそれぐらいということです。それを「基準」にして、「あの人は背が低い」「この人は背が高い」

正規分布

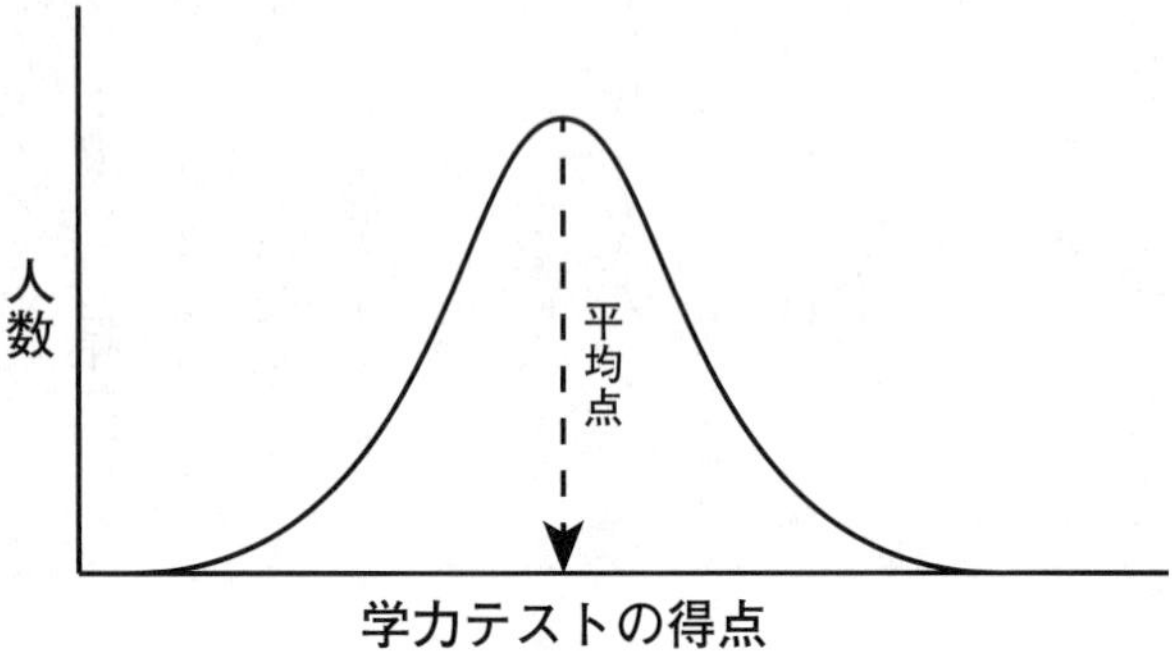

と言うことができる。つまり「スケール」があるわけです。

友人の数は正規分布しない

このように、グラフにするとベルカーブ（釣鐘型の曲線）になる分布のことを、統計学や確率論では「正規分布」と呼びます。「正規」というぐらいですから、そうなる事象はめずらしくないどころか、とても多い。たとえば学力テストの得点分布なども、グラフはベルカーブを描きます。平均点付近の人がいちばん多く、その基準より低い人も高い人も同じように少ないのです。

ならば、ネットワーク内での友人の数も、それと同じようになると考えるのが、ごく常識的な予想でしょう。極端に友人が少ない人も極端に多い人も少数派で、大半の人は平均的な数の友人がいそうです。
　ところが実際には分布はベルカーブにならず、右肩下がりの曲線になるのです。いちばん多いのは、友人がほとんどいない人。上のグラフで右に行く（友人の数が増える）ほど、人数は減っていきます。そして、極端に友人の多い人（グラフの右端）がほんのわずかだけ存在するのです。

友人の数の分布　結果

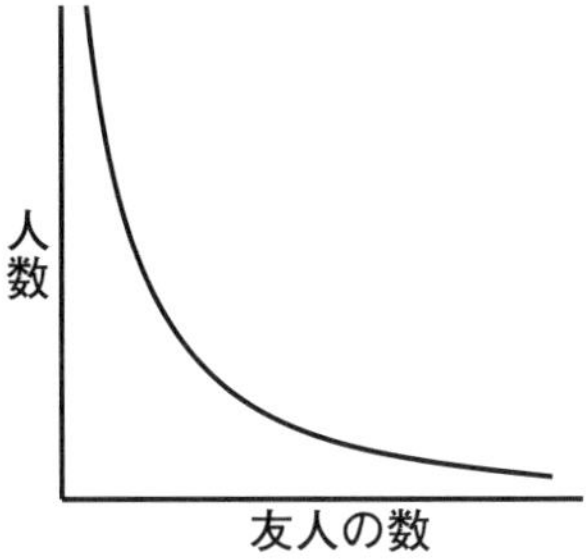

　つまり、世の中の圧倒的多数は友人があまりいない。多くの友人に恵まれる人気者はひと握りしかいません。なかなか厳しい現実ですが、多くも少なくもない「標準的な数」が存在しないのは、救いではあるでしょう。「自分はみんなより友達が少ない」と嘆くような話ではないからです。平均値はもちろん算出できますが、それぐらい友人がいるのが「ふつう」というわけではありま

せん。

そして、このような分布を見せるネットワークが、じつは世の中にたくさんあることがわかりました。ネットワーク研究では、先ほどの各個人にあたるものを一般的に「ノード」、友人とのつながりにあたるものを「リンク」、つながりを作ることを「リンクを張る」と言います。多くのネットワークで、ほとんどのノードはわずかなリンクしか持たず、多数のリンクを持つノードはごく一部にすぎません。

それは、インターネットのウェブページを考えれば納得がいくでしょう。グーグルやアマゾンなどの巨大サイトには膨大なノードからリンクが張られていますが、無数に存在する個人のブログにはわずかなリンクしか張られていません。ハリウッド俳優の共演者数にも、同じような構造がありました。たくさんの人と共演している俳優はほんのひと握りで、ほとんどの俳優は限られた相手としか共演していないのです。

こうしたネットワークの構造は、誰かが意図的につくり上げたものではありません。それぞれのノードが自分の都合で行動した結果、そういう秩序ができあがる。意図も目的もなく自己組織化されたネットワークが無秩序（ランダム）なものにならないのは、なんとも不思議なことです。

これまで挙げた例はいずれも人間の行動によってつくられるネットワークですが、自己組織化によってこのような秩序が生まれるのは自然界も同じ。たとえば生物の細胞と細胞とをつなぐ代謝ネットワークや、遺伝子同士がお互いの働きを調整し合う遺伝子調節ネットワーク、生体内で相互作用をするタンパク質のネットワークなども、人間社会の交友関係と同じような特徴を持っていることがわかっています。

中心がないからこそ頑健性を持つネットワーク

そして、スケールフリーネットワークの発見者であるハンガリーの物理学者アルバート＝ラズロ・バラバシは、この構造が、ネットワーク自体にある恩恵を与えることを明らかにしました。それは「頑健性」です。平均的なリンク数を持つノードが正規分布するランダムなネットワークと比べると、スケールフリーネットワークのほうが、全体が壊れにくいのです。

ノード同士のつながりであるネットワークは、当然ながら、故障や消失によってノードがすべてなくなったら存在できません。先に網の目状のネットワークがあって、そこにノードがあとから加わるわけではないからです。でも、一部のノードが失われただけで、ネットワーク自体が崩壊することはないでしょう。

では、どの程度のノードが失われると、ネットワークとして機能しなくなるのか。ネットワークの頑健性は、その度合によって決まります。それを調べるために、ノードを無作為に少しずつ取り除いていき、どの段階でネットワークがバラバラに分断されるかという研究が行われました。インターネットなら、データ転送の経路を選択するルーターが個々のノードにあたります。それを取り除いていくと、どこかの段階で、それまでネットでつながっていたコンピュータが孤立した状態になるでしょう。

ランダムネットワークの場合、ノードを徐々に取り除いても、ネットワークの崩壊がそれに比例して徐々に進むわけではありません。いくつかノードを失っても、ネットワークそのものはほぼ完全な状態に保たれます。ところが、除去されたノードがある臨界値に達した途端、システム全体が突如として崩壊しました。

それが先行研究で明らかになっていたので、スケールフリーネットワークにも同じような臨界点があるだろうと予想されました。しかしこちらは、多くのノードを除去してもネットワークは壊れません。驚くべきことに、八〇パーセントのノードを除去しても大丈夫でした。残る二〇パーセントのノードがしっかりとつながって、ネットワークが維持されたのです。

これは、ほとんどのノードがわずかなリンクしか持たないスケールフリーネットワークならではの特徴でしょう。ノードの故障はランダムに起きるので、リンクの多いノードにも少ないノードにも同じ確率で発生します。したがって、故障するノードの大半はリンクが少ないため、ネットワーク全体に与える影響が小さい。もちろん、グーグルやアマゾンのように膨大なリンクを持つノードがたくさん失われれば、ネットワーク全体が甚大なダメージを受けるでしょう。でも、意図的な攻撃がそこに集中すれば別ですが、故障がランダムなものである以上、そんなことはまず起こりません。

ここで重要なのは、スケールフリーネットワークは「不平等」なものではあるけれど、決して「ひとり勝ち」の状態にはならないということ。友人の多い人やお金持ちがひと握りしか存在しないのでネットワーク内には大きな格差がありますが、すべてを独占するノードはありません。そこが、中央政府や社長などの「中心」が存在する秩序とは異なります。中心を持つ秩序はその中心を失うと崩壊しますが、スケールフリー構造には中心がない。だから、八〇パーセントものノードを失ってもネットワーク全体が維持されるほどの頑健性を持つのです。

「原因」と「結果」のフィードバックループ

不平等で格差はあるけれど、壊れにくい安定した秩序を持つ。ひとことで言えば、それがスケールフリーネットワークの特徴です。予測不能であるがゆえに「計画」があまり意味を持たないカオスな状態であるにもかかわらず、意図も計画もなしに頑強なネットワークが自己組織化されるのです。このあたりが、複雑なシステムの面白いところだと思います。

意図も計画もないという点で、これは生物の進化にもよく似ています。誰も「強いネットワークをつくろう」などと考えていないのに、結果オーライで、そういうものができあがる。生物進化と同様、スケールフリーネットワークも、それによって不確実な未来に備えることができているわけです。

スケールフリーネットワークは自己組織化によって生まれるものですから、そのあり方を左右する条件はネットワークの外部には存在しません。それを形づくる要因は、すべてネットワークの内部にあります。つまり、「原因」と「結果」のつながりが内部で完結している。ネットワーク内で起きたことが原因となってある結果が生じ、その結果が原因となって次の結果をもたらす……という循環がくり返されるのです。

これを「フィードバックループ」といいます。人気者は、人気があるからますます人気が出る。お金持ちは、お金があるからますますお金が集まる。スケールフリーネットワークで格差がどんどん広がるのも、フィードバックループによるものです。

ちなみにカオス現象も、ぐるぐると渦を巻くローレンツ・アトラクターを見ればわかるとおり、フィードバックループによって生じます。同じような計算をくり返すことで、わずかな誤差が積み重なっていくのです。

わかりやすい例は、「電卓カオス」と呼ばれる現象。機種の異なる電卓を数台用意して同じ数値 x を入力し、たとえば「x^2-2」という計算を何度もくり返すと、カオスを簡単に目撃することができます。途中から、電卓ごとに違う答えが出るのです。

そうなってしまうのは、電卓の有効桁数が機種によって違うから。割り切れない小数点以下の小さな値を無視して計算をくり返しているあいだに、その数値の違いがものすごく大きな差になってしまうのです。ローレンツの計算も、大気が上下の対流を何度もくり返すことで、小さな誤差が積み重なっていきました。

ここで、ちょっと違和感を持った人もいるでしょう。答えの決まらないカオスを生み出してしまうフィードバックループが、一方では、スケールフリーネットワークの自己組織化をもたらし、その安定性に寄与しているからです。たしかに、ここには矛盾した印象がなくもありません。

しかし、カオスは決して無秩序でデタラメな現象ではなく、そこから出てくる答えはある程度の幅におさまっています。ローレンツ・アトラクターも、たしかに答えはひとつに決まらないものの、あのチョウチョ型のグラフから大きくはみ出した答えは出てきません。

ただし、ローレンツの計算は変数をたった三つにしぼり込んだものでした。現実の気象は、もっと多くの変数が関わります。それをすべて計算に入れたら、結果はもっとデタラメなものになるのではないか。それが常識的な見方でしょう。変数、つまり自由度を増やせば、その分だけ微妙な誤差の積み重ねも多くなるように思えるからです。

ところが、そうではありません。不思議なことに、変数を増やせば増やすほど、計算結果の幅は狭くなることがわかっています。自由度が多いほうが、いわばカオスの暴れ方が小さくなって、おとなしくなるのです。

これは、それぞれの変数の差異が積み重なって増幅されるのではなく、ある変数の差異が、ほかの変数の差異に吸収されるようにして無効化されるから。ローレンツの計算のように自由度が三つしかないと、ひとつの変数の誤差を引き受けてくれる「逃げ道」がふたつしかありません。すると、お互いの誤差を処理しきれないのでカオスが大きくなる。しかし自由度が多いと、「逃げ道」も多くなります。不都合なズレがあちこちに広く薄くバラ撒《ま》かれることで、全体的には辻褄が合ってしまうわけです。

全体でベクトルの向きを揃えるのは危険

カオスにそういう性質があるのなら、フィードバックループによる自己組織化がシステム全体を安定化させるのも納得がいくでしょう。

前にお話ししたとおり、生態系という秩序は、生物や環境条件がごちゃごちゃと複雑に組み合わさることで、結果的に全体として辻褄が合うようになっています。これはまさに、フィードバックループによる自己組織化の典型例。それぞれの生物は、生態系の安定のことなどおかまいなしに、好き勝手に資源を消費し、増殖しようとします。でも、そうやって自由に振る舞う生物（いわば変数）がたくさん存在すると、いつの間にか帳尻が合って、全体が安定した持続性を持つのです。

何事に対しても明確な目標を掲げ、その達成に向けて周到な計画を立てて実行していこうとする真面目な人には、ちょっと受け入れがたい話かもしれません。しかし、人間社会も自己組織化するスケールフリーネットワークである以上、そういう仕組みによって安定が保たれる側面があります。

生物の進化を計画的にデザインすれば、予想外の環境変化に対応できません。人間社会も、「未来はこうなる」という予測に基づいて対策をひとつにしぼり込むのは、かえって危うい。変数を減らすとカオスの幅が広がってしまい、不確実性が高まる、つまり社会全体が不安定なものになるのです。

国家や企業など、意思決定を担う「中心」が存在するシステムでは、何を決めるにしても、ベクトルをひとつの方向に揃えようとする力が働きます。そうしないと意思決定をしたことにならないので、これは必然的な流れとも言えるでしょう。だから政治をめぐる議論も、「右か左か」とベクトルの向きをめぐる対立になりやすいのかもしれません。国連主導の温暖化対策も、いったん「人間活動主因説」が正しいと決めたら、そちらに向かってベクトルがどんどん大きくなっていきました。

しかしスケールフリー構造の社会を安定的に持続させようと思ったら、「これが正しい」と決め打ちしてベクトルの向きを揃えるのではなく、個々のベクトルの向きを分散させるほうが得策です。各自が好き勝手なほうを向いてバラバラに行動している自由度の高いネットワークのほうが、むしろ将来の変化が小幅におさまる。スケールフリーネットワークの発見によって、誰も全体の設計図を持っていなくても、自己組織化するシステムは意外に安定した秩序を保つということがわかりました。ありもしない設計図を持っているかのように振る舞い、未来の変化をわかったつもりになってベクトルの向きを揃えるのが、いちばん危険なのです。

サステナブルだが必然的に「格差」を生み出す資本主義経済

社会が目指すベクトルの向きを揃えようとする試みとしては、かつてのソビエト連邦に代表される社会主義経済が挙げられます。ソ連では、中長期的に何をどれぐらい生産するかを決め、その目標に向けて経済活動を進める「計画経済」を行っていました。まさに設計図を用意し、予測した未来に向けてベクトルの向きを揃えていたわけです。でも、それは結局うまくいかず、社会の安定化にはつながりませんでした。

それに対して、自由主義に基づく資本主義経済のあり方は、それぞれの生物が自由に振る舞う生態系と似ています。生物は、中長期的な先行きのことなど考えません。自分自身が今日の命を保つために、目の前にあるエサを食べられるだけ食べます。そして、放っておけば倍々ゲームで無限に増殖しようとする。資本主義社会における企業も、それとあまり変わりません。

もちろん、企業経営者はたいがい中長期的な計画を立てますから、その点はやや異なります。とはいえ、まずは今日の収益をプラスにするために目先の利益を追求するのが企業活動の基本でしょう。そして、できるかぎり利益を増やし、資本を無限に蓄積しようとします。そうやって個々の企業が自分の都合でバラバラに行動しているだけで、全体としてのベクトルの向きが揃うことはありません。

しかし結果として、資本主義経済にはそれなりの秩序が成立しています。少なくとも、社会主義経済よりはサステナブルなシステムだと言えるでしょう。だからこそ、東西冷戦は自由主義陣営の勝利という形で終わったのだろうと思います。

ただし、生態系と同じように自己組織化され、安定したスケールフリー構造が成り立っているからといって、それで万事オーケーというわけにはいかないでしょう。自然界と人間社会では、やはり事情が異なります。すでに述べたとおり、スケールフリーネットワークには、私たち人間には許容しかねる特徴がある。それは、自己組織化の過程で必然的に

「格差」を生み出してしまうことです。

人気者がその人気ゆえにますます人気者になるのと同様、資本主義経済の社会では、資本力の強い者が、その強さゆえにますます資本を増大させる傾向があります。巨大サイトが膨大な数のノードからリンクを張られるように、富は富める者に集中する。かつて、人々の収入がどう分布しているかを研究したイタリアの経済学者ヴィルフレド・パレートは「80対20の法則」を見出しました。世の中の富の八〇パーセントは全体のわずか二〇パーセントの人々が所有している、というわけです。その比率は時代や社会によって異なるでしょうが、世の中の大半の人々が多くの富に恵まれないのは間違いありません。

不平等は平等にやってくる

富が集中する立場にある人たちは、それを自らの能力や努力の結果だと言いたがります。たしかに、そういう面もあるでしょう。しかし、成功するための能力は（努力する能力も含めて）、生まれながらの素質や、生まれてからの環境によって与えられたもの。「運も実力のうち」という言葉もあるように、人生は偶然の運不運に大きく左右されます。

「誰にでも平等に、不平等はやってくる」

これは、プロローグにも登場した数学者・森毅さんの言葉です。スケールフリーネットワークの概念が本格的に広まったのは二〇〇〇年頃ですが、森さんはそれよりもずっと早い段階から、この世界のそういう構造を直観的に見抜いていました。まさに、誰でも同じ確率で不平等な目に遭う可能性があるのが、スケールフリーな世界です。

もちろん、不平等によって得をする人もいるので、これは「誰にでも成功するチャンスがある」ということでもあります。しかしいずれにしても、そこにはランダムにバラ撒かれる運不運が介在する。さまざまな格差は偶然によって生じるのですから（少なくとも人間の社会では）全く放置したままにしておくことはできません。

将来の予測はできないので、あらかじめ格差が生じないように計画を立ててコントロールするのは不可能です。でも現実に生じる格差は多くの人々を不幸にするので、できるだけ緩和する必要があるでしょう。スケールフリーネットワークは長期的には安定した秩序を保ちますが、個々の人間にとっては目の前の短期的な幸福感や満足感が大事です。格差を放置していると、社会も安定しません。ですから、フィードバックループによって格差が過剰なほどに広がらないよう、何らかのリミッター（制限装置）を用意するのが得策です。

そういう対策は、以前からいくつもありました。たとえば、独占禁止法という法律。これは現在、一〇〇を超える国で導入されています。

資本主義社会は、誰もが自由に経済活動を行うことを許しますが、放っておくと際限なく不平等を拡大するシステムでもあります。ある程度の経済格差が生じるのはやむを得ない必然ではあるものの、資本の増殖が無制限に暴走すれば経済や社会生活に破綻が生じるでしょう。生物も、個体数の増殖が暴走すれば、資源を限界まで食い尽くして自滅します。

自然界では、自分たちも他者にとっての資源（つまりエサ）になることで歯止めがかかりますが、人間の経済活動は放っておくと歯止めがかからず、「ひとり勝ち」になるおそれもあるでしょう。これはシステム自体を脆弱《ぜいじゃく》化させるので、人為的にリミッターをかけなければいけません。だから、自由主義とはいささか相性が悪い法律ではありますが、独占禁止法という歯止めを用意しているのです。

格差の拡大を緩和するという意味では、累進課税という制度も経済的なリミッターの一種でしょう。収入を完全に平等にすることはできないけれど、高収入の人には税率を上げて、その税収を低収入の人に再分配する。そうすることで不運な人々を助け、社会全体が短期的に不安定化することを防いでいるわけです。

社会の暴走を防ぐリミッターとしてのSDGs

そう考えると、スケールフリーな世界に生きている私たちにとって、SDGsがどんな意味を持つかということも見えてくるのではないでしょうか。

地球環境問題も、経済問題も、社会問題も、誰にもそのシステム全体を把握できない以上、「ここがゴールだ」と明確な目標を示して、世界のベクトルの向きをそちらに揃えるのは無理があります。SDGsが掲げる一七の目標には相互に矛盾するものもあるので、すべてを完璧に達成できるはずもないでしょう。

とはいえ、みんなが好き勝手にバラバラな生き方をしていると、システム全体は長期的には持続するものの、短期的に見れば、どうしてもそこから「取り残される人々」が出てきてしまいます。だから、その不平等な格差を少しでもやわらげるようなセーフティネットを設けたい。そして、ＳＤＧｓは、そのためのリミッターのようなものだと思えばいいでしょう。

資本主義の暴走に多少なりともブレーキをかければ、取り残される人をできるだけ少なくすることはできます。そのために、ＳＤＧｓでは世界のさまざまな問題を同じテーブルの上に載せて人々に自覚を促し、行動を変容させようとしている――そういうものだと思えば、いまの自分を犠牲にして、ただひたすらゴールを目指す必要はありません。ＳＤＧｓと「ぼちぼち」つき合っていけます。じつのところ、国連の本音もそのあたりにあるのではないでしょうか。

たとえば、ＳＤＧｓには一一番目に「住み続けられるまちづくりを」という目標があります。しかし長期的な視点に立つと、同じ場所に「住み続ける」ことは生物にとって必ずしも得策とは言えません。むしろ生物は、太古の昔から住むところを追われながら、それでも新天地を見つけて生きながらえてきました。

人類もそうです。アフリカ大陸で誕生したホモ・サピエンスの祖先がそこに「住み続ける」ことを選択していたら、今日の繁栄はなかったかもしれません。どういう事情があったのかは定かではありませんが、私たちの祖先は危険を顧みずに次々と新天地を求めて移動し、地球全体にまで広がりました。馴染みのある土地に住み続けたほうが「安全・安心」だったかもしれませんが、そういう選択をしなかったからこそ、人類としての持続可能性は高まったわけです。

やはり、プロローグで紹介した法哲学者の那須先生の言うとおり「安全・安心が人類を滅ぼす」のでしょう。そもそも人間が住みついている地域の多くは、かつて川が氾濫したことによって平地になった土地です。ですから、住みやすさとは本来、災害が起こる危険性と背中合わせ。あえてそういう場所に移住しながら、人類は生きてきました。だからこそ、危険を察知する生存本能が欠かせません。危ないと思ったら、そこから逃げて別の場所に移る。「安全・安心」ばかり求めて危機察知能力が低下すると、逆に持続可能性が失われてしまうわけです。

したがって、同じところに住み続けることが人類の持続可能性を高めるとはかぎりません。むしろ、移住が暮らしをサステナブルにすることもあるのです。

それこそ地球温暖化問題を考えた場合、長い目で見れば、気温上昇を止めることだけが解決策ではありません。温暖化した環境に合わせて自分たちの暮らし方を変えるのもひとつのやり方です。南極の氷が融けて海面が上昇し、沈んでしまう島があるのなら、そこで暮らすのは諦めて別の土地に移住するという選択肢もある。人類の歴史を振り返れば、そちらのほうが自然でしょう。

しかし、そうやって環境に適応するには、時間がかかります。数世代後の人々は新しい環境に適応できるかもしれませんが、いまそこで暮らしている人々はそうはいきません。長く住み続けてきた愛着のある島から「もう沈むからすぐに移住しなさい」というのは、さすがにおかしい。前にも紹介したとおり、国連のいう持続可能な開発とは「将来の世代がそのニーズを満たせる能力を損なうことなしに、現在のニーズを満たす開発」です。

その意味で、ＳＤＧｓの「住み続けられるまちづくりを」という目標は、たしかに短期的な持続可能性を高めるでしょう。将来世代の適応を待っているだけでは間に合わないかもしれません。いずれは沈んでしまう島だとしても、その時期を少し先送りできるなら、そうしたほうがいい。ＳＤＧｓというリミッターによって、海面上昇のペースを遅らせることができれば、「現在のニーズ」を満たしながら、あとの世代が新しい環境に適応するまでの時間稼ぎができるわけです。

サルと一緒には暮らせないヨーロッパ人

環境の変化への適応といえば、以前、同じ大学で教えているフランス語の教員と、こんな話をしたことがあります。地球環境問題が急に浮上した一九八〇年代終盤のことでした。

「酒井さん、地球温暖化は本当に大変なことなんですか？」

そう聞かれたので、私はこう答えました。

「たしかに温暖化する可能性は十分にあるけれど、暖かくなっても人間が生きていけなくなることはないでしょう。人類の文明はまだ数千年の歴史しかないので、いまの気候しか知りませんが、地球は人間がいてもいなくても、寒くなったり暖かくなったりしています。だから、気候が大きく変われば文明のあり方は変わってしまうかもしれません。でも、温暖化して日本でリンゴが採れなくなっても、サルと一緒にバナナでも食べていればいいんじゃないですか？」

すると、フランス語の先生は急に真顔になって言いました。

「それは大変だ！　ヨーロッパの人たちがこんなに騒いでいる理由がよくわかりました」

「えっ、それはどういう意味ですか？」

「ヨーロッパ人にとって、サルと一緒に生活しろと言われるのは、人間をやめろと言われるのと等しいんですよ。彼らは動物と人間はまったく違うものだと思っています。人間のほうが支配者だという意識が、とても強いんです」

なるほど、と思いました。その先生の見立てがどこまで妥当かはわかりませんが、西洋人と東洋人の自然環境に対する感覚の違いが、ここにはよく現れているように思います。

もちろん個人差はありますが、私たち東洋人は変化する自然に合わせて暮らすことにあまり抵抗がありません。一方、西洋人は支配者として自然をコントロールし、それによって近代文明を築いてきたという気持ちが強いのでしょう。だから政治家たちも、二酸化炭素の排出量をコントロールすることで温暖化を防ぎ、地球環境を人間の都合に合わせることを考える。世論もまた、そういう考え方を支持する傾向が強いのだと思います。

グローバル化は社会から自由度を奪う

でも、西洋を中心に発展した近代文明は、これまで本当に自然界をうまくコントロールしてきたのでしょうか？　たしかに、いわゆる西側先進国の中ではうまく帳尻を合わせ、環境・経済・社会の持続可能性を維持してきたかもしれません。しかし、そこで帳尻が合っているように見えるのは、先進国の外側に目を向けていないからです。

たとえば大企業は効率よく利益を出しているように見えますが、実際は非効率な部分を下請けに出すことで、自分たちの抱えている矛盾をアウトソーシングしています。だから大企業だけ見れば、うまくビジネスが回っているように見える。それと同様、先進国も近代文明から生じる矛盾を「グローバル・サウス」と呼ばれる途上国などに押しつけてきました。決して、全体をうまくコントロールできているわけではないのです。

もし西側先進国が自分たちだけで閉じた系であったなら、スケールフリー構造を持つ社会を人為的にコントロールするのは困難だとすぐに気づくでしょう。外に押しつけている矛盾が自分たちの社会に降りかかってきて、持続可能性が低下するからです。それを避けるには、ベクトルの向きを揃えて自らコントロールすることをやめて、みんながバラバラに生きられるよう世の中の自由度を高めなければいけません。

そこで重要なのは、ローカルな価値観を普遍化しないこと。西洋で生まれた近代文明は本来ローカルなもののはずですが、それを普遍化してグローバルな文明社会を築こうとしたために、先進国内の矛盾がほかのところに押しつけられる形になりました。自由度の低いグローバルな世界には、逃げ道がありません。好き勝手に別の生き方をしたいと思っても、西洋近代文明という巨大なベクトルに飲み込まれてしまいます。

ですから、みんなのベクトルの向きがバラバラな自由度の高い社会にしようと思ったら、グローバル化は逆効果。規模の小さいローカルな集団がたくさんある形のほうが、自由度は高まります。その集団と自分の方向性が合わなければ、そこから飛び出して別の集団に入ればいい。そちらなら、自分の自由度を保ったまま生きられるかもしれません。

とはいえ集団は、放っておくとサイズがどんどん大きくなるもの。ひとりではできないことも集団になるとできるようになるので、基本的には大きい集団のほうが有利になります。だから増殖した生物はますます増殖するし、蓄積された資本はますます蓄積される。それがスケールフリーな世界の特徴です。

しかし、それが行き過ぎて自由度が失われると、状況が大きく変わったときにネットワーク自体が対処しきれません。みんながバラバラに多様なベクトルを持って生きていると、その中には新しい状況に対応して、全体の持続可能性を高めてくれる存在もいるはずなのです。そういう自由度の高さを確保するためには、際限のないグローバル化にブレーキをかけ、ローカルな価値観を守るようなリミッターも必要なのかもしれません。

第五章　日本社会の自由度をいかに高めるか

もっともらしい仮説に対しては慎重にブレーキを

ここまで、ＳＤＧｓという「キレイゴト」を、フンベツを持ってブンベツするために知っておきたい、さまざまな問題を見てきました。この章の本題に入る前に、その「フンベツ」の中身について、あらためて整理しておきたいと思います。

ＳＤＧｓをブンベツする私のフンベツが、基本的に科学者の考え方に基づくものであることは言うまでもありません。しかしその科学者としての私のフンベツには、ある意味で矛盾したところがあるのも事実です。すでにお気づきの読者もいるかもしれませんが、地球環境問題を語るときの私と、カオスやスケールフリーネットワークについて語るときの私のスタンスは、必ずしも同じではありません。簡単に言えば、前者については「慎重」、後者については「大胆」に議論してきました。

私の専門分野は、地球物理学です。したがって地球環境問題は、自分の専門に近い分野。その立場から見ると、専門家の議論の細かいところが大いに気になります。

現在の地球が過去のある時期に比べて温暖化していることは、私も否定しません。人類の排出する二酸化炭素がその原因だと考えるのが、いまのところいちばん確からしい仮説であることも、すでにお話ししました。

しかし、常にあらゆる可能性を考慮するのが科学です。いちばん確からしい仮説が、一〇〇パーセント正しいとはかぎりません。仮に温暖化の原因が人類の排出する二酸化炭素だったとしても、その排出を減らすことで温暖化が止まるかどうかはわからない。そうなる可能性は高いとは思いますが、複雑な地球環境の変化にはさまざまな要因がからんでくるので、二酸化炭素とは別の原因でさらに温暖化が進む可能性もあります。そういう大きな可能性から小さな可能性まで提示するのが、本来の科学者の役割でしょう。

もちろん、「これもあり得る、あれもあり得る」と言われると、一般の人々が「いったい何が正しいのか」と困惑してしまうのもわかります。でも、そういう科学的な知見に基づいて対策をどれかひとつにしぼり込むのは、政治の役割。ところが地球温暖化問題に関しては、科学者の立場でその役割にまで踏み出している専門家がいるように見えます。第三章では、「人間活動主因説」に対して「温暖化の半分は自然変動で説明できる」とする田中博教授の主張を排除する専門家がいることも紹介しました。

そういう専門家は「多様な可能性を示すのではなく、シンプルなメッセージにしないと世論は変わらない」と考えているのかもしれません。でも、それは科学者の仕事ではありません。その世論形成が間違った方向に進まないようにするためにも、「わかっていること」と「わかっていないこと」を政治的バイアスなしで伝えるべきでしょう。

私はそう考えるので、温暖化問題を扱う専門家の多くが「人間活動主因説」ばかりクローズアップする現状に強い違和感を抱いています。だから地球物理学者の立場から、「それ以外の可能性もありますよ」と言いたくなる。これは、きわめて慎重なスタンスです。温暖化問題における専門家の中での大きな流れに対して、いわば「ブレーキ」を踏んでいるようなものでしょう。

大胆なアクセルが科学を進歩させることもある

一方、私はカオス現象やスケールフリーネットワークといった複雑系研究の専門家ではありません。その分野で精緻な議論をしている数学者などから見れば、これについての私の話はかなり大雑把なものに感じられることでしょう。

ローレンツの発見したカオス現象は、あらゆる自然科学に強烈なインパクトを与えました。私を含めて、それを無視していられる科学者はひとりもいません。とはいえ、複雑系の研究はまさに「複雑」で難解なものですし、研究途上にある問題が山ほどあります。確実に「こうだ」と言えることはあまり多くありません。にもかかわらず、自分はこの部分ではきわめて大胆に「アクセル」を踏んでいるという自覚があります。

これは、矛盾した態度かもしれません。しかし科学者には、あらゆる可能性を吟味する慎重さが求められる反面、時には大胆さも必要でしょう。

たとえば地質学者は、小さな証拠から壮大なストーリーをつくり上げることがあります。

その中でも私がビックリしたのは、アフリカの地層で発見されたひとつの石から、「過去のある時代に地球は全球凍結したに違いない」という仮説を立てたこと。物理屋の私から見ると「ホンマかいな」と首を傾《かし》げたくなるほど、見つかった証拠と構築された仮説のあいだに大きな飛躍があります。

まさに大胆不敵な話ですが、科学の世界では、誰もが「ホンマかいな」と思うような大風呂敷を広げることで、真理への道が開けることが少なくありません。宇宙が「ビッグバン」から始まったという話もそのひとつです。

いまでこそ、さまざまな証拠によって一三八億年前にビッグバンが起きたことが裏づけられていますが、その仮説が登場した当初は、多くの専門家が「そんなバカなことがあるか」と思っていました。「ビッグバン」という言葉自体、その説を認めないライバルたちが「あいつらは、宇宙がドッカーンと爆発して生まれたなどと荒唐無稽なことを言ってるぞ」と揶揄《やゆ》するニュアンスで生まれたものです。でも現在の宇宙論研究では、ビッグバンが起きたことが揺るぎない大前提となりました。

カオス理論やスケールフリーネットワークの考え方は、地質学の全球凍結や宇宙論のビッグバンにも匹敵するほど大きな影響力を持っていると私は思います。だから、いくらかコースアウトするリスクがあっても、大胆にアクセルを踏んで、その考え方をいろいろな分野で使ってみる価値があると思うのです。

ところが、カオス現象の発見からすでに半世紀が過ぎているにもかかわらず、その知見に基づく発想によって研究を行う科学者はあまり多くありません。文系の研究者がこの分野に無関心なのはわからなくもないのですが、なにしろ自然科学の大前提を覆すほどの発見だったのですから、もっとカオス理論を前提とした研究があっていいはずです。だから、そこで必要以上に「ブレーキ」を踏む研究者が多いことが、私には昔から不思議でした。

自然科学の多くは「こうなれば、こうなる」という因果律に基づく未来予測が求められるので、「長期的な未来予測は不可能」とするカオス理論は、あまりありがたくないのかもしれません。しかし多くの研究者がブレーキを踏んだままでは、せっかくの大きな発見が無駄になってしまいます。それを科学の発展に役立てるためにも、誰かがもっとアクセルを踏まなければいけないという気持ちが、私にはありました。

科学には少数派の「天の邪鬼《あまじゃく》」が必要

そんなわけで、温暖化問題には慎重、カオスやスケールフリーネットワークの考え方には大胆という矛盾したスタンスになっているわけですが、じつのところ、その根っこにある私の姿勢は変わらないとも言えます。

というのも、温暖化問題では「人間活動主因説」でアクセルを踏む専門家が多数派です。一方、カオス理論に対してはブレーキを踏んでいる専門家が多数派。つまり、前者ではブレーキ、後者ではアクセルを踏んでいる私は、いずれにしても少数派の立場なのです。

そういうポジションを取りたくなるのは、「アホ」や「変人」が尊ばれる京大で四〇年以上も過ごしてきた人間ならではの性分なのかもしれません。でも、科学はあらゆる可能性を考えなければいけない世界なので、圧倒的な多数派の考え方だけが力を持つのは健全な状態ではないでしょう。世間の大多数が「正しい」と考えることに反対ばかりしていると、「逆張り」などと揶揄されることの多い昨今ですが、科学には常に「逆張り」が必要です。多数派がいつも正しいとはかぎらないので、私のような「天の邪鬼」が少数派として発言を続けなければ、バランスが取れません。実際、スケールフリーネットワークが健全な形を保つためには、多数派に属さない少数派の存在が必要不可欠です。

また、大学教員の私は研究者であると同時に教育者でもあります。学生たちには、「慎重かつ大胆」という科学の二面性を身につけてもらいたい。物事を慎重に見極めることは大事ですが、それればかりでは「アホでオモロい研究」にはなりません。

その意味で、ＳＤＧｓというテーマは若い学生たちにとって有意義な「教材」でもあると思っています。これまで見てきたように、ＳＤＧｓの掲げるひとつひとつの目標は決して間違ったものではありません。ある意味で、どれも「正しい」と言えるでしょう。でも、個々の目標を絶対視して完全な実現を目指すことが、全体としてのゴールに近づくとはかぎりません。逆に、小さな目標に振り回されることで、全体としては不幸な結果になる可能性もあります。

その微妙なバランスを取る上で、「慎重かつ大胆」な科学の姿勢は大いに役に立つでしょう。ひとつの考え方に固執するのではなく、細かいことを気にせず大胆に全体像を見渡す。それが、ＳＤＧｓをブンベツするために必要なフンベツだと思うのです。

SDGsはローカルな事情に合わせるべし

さて、そろそろ本題に戻りましょう。プラスチックのリサイクルひとつ取っても一筋縄にはいかないことからもわかるように、この世界の物事をサステナブルにするのは簡単なことではありません。

そもそも、持続可能性を高めるには将来の変化を見通す必要があります。でも、この世界がカオスである以上、正確に長期的な予測をするのは不可能。何が起こるかわからないのに、「こうすれば持続するはずだ」と方向性を決め打ちすることはできません。しかも、中心の存在しないスケールフリーな世界は、フィードバックループによって自己組織化します。そのため、誰かが計画的にコントロールすることもできないのです。

とはいえ、SDGsという取り組みにまったく意味がないわけではありません。未来はどうなるかわからなくても、SDGsというリミッターを稼働させれば、「現在のニーズ」を満たしながら、短期的には持続可能性が高まるでしょう。そうやって時間稼ぎをすることで、とりあえず、現在の世界から取り残される人々を減らすことには貢献できそうです。

そんなリミッターとしてのＳＤＧｓをより有効に活用するための考え方も、これまでの話から見えてきました。それは、「それぞれがローカルな事情に合わせてやっていく」ということです。

自由度が低いほどカオスの暴れ方は激しくなるので、グローバルな枠組みで全体のベクトルの向きを揃えようとすると、世界はより不安定なものになるでしょう。それよりも、全体にとってひどい状況になるのは避けながらも、それぞれが自分たちにとって現状より少しはマシな方向にバラバラに進んだほうが、結果的には安定した秩序が保たれるのです。

企業のステークホルダーは株主だけではない

では、私たち日本人の現状は、どちらの方向に進めば「少しはマシ」になるのでしょう。ＳＤＧｓが始まる前から、日本人は地球環境に対する配慮は相当にしてきました。いわゆる「もったいない精神」は文化として広く根づいていますし、高度経済成長期に経験した公害問題以降、産業界の意識もそれなりに高まっています。前述したように、ゴミの安全な焼却技術は世界トップレベルになるまで向上しました。

ですから、ＳＤＧｓがカバーする環境・経済・社会という三つの大きな枠組みの中で、日本が環境問題にばかり傾注するのは、ローカルな事情に合いません。それは放っておいてもそこそこ頑張るのが、日本人です。実際、いまも「サステナブル疲れ」に陥るぐらい我慢して、自分のＱＯＬ（クオリティ・オブ・ライフ＝生活の質）を下げている人がいるぐらいですから、あまりそちらの方向性を強調しすぎると、日本人はかえって不幸になってしまうのではないでしょうか。ローカルなベクトルの向きを考えるときは、そういったことも考慮したほうがよいと思います。

むしろ日本の現状を考えた場合、とくに力を入れるべきは、やはり「ジェンダー平等」や「働きがい」といった、個人の暮らしに関わる社会的な問題だと思います。これらの問題は将来の日本を支える若い世代の生き方にも大きく関わってくるので、社会の持続可能性を高める上で絶対に無視できません。

そういう日本のＳＤＧｓを推進する上で大きな役割を担っているのは、やはり企業でしょう。私は大学で若い学生たちを教育する一方、産学連携業務などを通じて企業とも関わることが多いので、そこに強い問題意識を持っています。「会社としてＳＤＧｓにどのように取り組めばよいかわからない」という相談も何度か受けてきました。

そういう立場で企業の取り組みを見ていて感じるのは、経営層と現場のあいだに、ＳＤＧｓに対する意識の違いがあることです。経営層の多くは、本音としては、目先の利益に直接つながらないようなことはしたくないでしょう。でも、民間企業にも社会貢献が求められるいまの時代は、ＳＤＧｓの旗でも掲げておかないと株主が納得しません。おそらく国連も、「もう持続可能性を考慮せず、単純に利益を追求するだけでは経済も回りませんよ。だからＳＤＧｓに協力的な企業に投資しましょうね」という形で、資本主義経済をそちらのほうに誘導したいのだと思います。

そういう流れができつつあるので、企業としても、投資家にそっぽを向かれないために何かやらざるを得ません。でも、これは体裁を整えるだけのもの。まさに「キレイゴト」としてのＳＤＧｓです。とりあえず従業員が一七色のバッジをつけることができるような看板さえ掲げて「やってますアピール」をしておけば、投資家に対して言い訳が立つ。しかしそんなことでは、社員たちがスーツの襟元につけたバッジを見ながらモヤモヤした気分になるのも当然です。

近年の資本主義社会は、かつての日本とは違って、株主の影響力が強くなりました。だから経営層としても投資家を意識したＳＤＧｓ対策をせざるを得ないわけですが、企業のステークホルダー（利害関係者）は株主だけではありません。言うまでもなく、消費者や従業員も大切なステークホルダーです。

そして、体裁だけのＳＤＧｓでは、投資家を騙すことはできても、消費者や従業員を騙すことはできません。「自分たちの社会はこのままでいいのか？」という問題意識は、ひたすら経済的な利益を追求する経営者や投資家より、生活者や現場で働く人々のほうが強く持っています。だから、生半可な「ＳＤＧｓやってますアピール」は消費者に見抜かれますし、従業員の意欲も高めません。

従業員の自由度を高めることで組織が強くなる

そういう意識の違いは、資本主義の枠組みそのものを変えてしまう可能性もあるのではないでしょうか。私は経済や経営の専門家ではないので本当にそうなるかどうかはわかりませんが、経営者が株主というステークホルダーのことばかり気にしていると、ＳＤＧｓ

に象徴される世界の潮流を見誤るおそれがあると思います。たしかにＳＤＧｓには「キレイゴト」の側面がありますが、それがここまで大きな影響力を持ち、世の中を動かしつつあるという現実は、真剣に受け止めなければいけません。

実際、それこそ「サステナブル疲れ」を感じてしまう人もいるぐらい、消費者は環境に配慮した商品を求めています。自分の生活を犠牲にしてまでこだわる必要はないと思いますが、単に性能や品質の高い商品を安く提供すれば売れるという時代ではなくなったのは間違いありません。

環境への配慮も含めて、いまは多くの消費者が、商品そのものだけでなく、それを提供する企業の姿勢に注目しています。ＳＮＳでは、不祥事を起こした企業の「不買運動」もしばしば見かけるようになりました。そういう反射的な行動の是非はともかくとして、現実問題として企業はそのようなリスクを抱えています。

不買運動まではしなくとも、たとえば従業員を過酷な条件で働かせるブラック企業にはお金を払いたくない、と思う人は多いでしょう。荷物を届けてくれた宅配業者が疲労困憊《こんぱい》して死にそうな顔でもしていたら、なんだか申し訳ない気持ちになってしまうのが人情というものです。いくらか料金は高くても、お互いに元気良く「ありがとう」と言い合える業者とつき合いたい。そういう心情はこれからどんどん広がっていくと思います。もはや、単純な経済合理性だけで動く世の中ではありません。

そういったことも含めて考えると、いまの企業にとってもっとも重要なステークホルダーは、従業員ではないでしょうか。体裁を整えるために「キレイゴト」のＳＤＧｓを掲げていても、そのバッジをつけた社員たちがつらそうな顔で歩いていたら、その会社自体がサステナブルだとは思えません。

それに、スケールフリーネットワークの観点から考えても、個々の従業員を大事にすることは会社にとって意味があります。企業という組織は、形式的には「中心」のある構造になっており、上から下へ向かう命令系統もはっきりしていますが、日々の業務を動かしている現場は必ずしもそうではありません。原因と結果がぐるぐるとフィードバックループすることで、スケールフリーな構造が自己組織化されているのです。

したがって、単純な上意下達によってベクトルの向きを揃えると、全体が弱体化してしまうおそれがあります。自己組織化によって強い集団をつくるには、個々の従業員の自由度を高めたほうがよいのです。

「副業」が会社を活気づける

私がそれに気づいたのは、ある女性経営者と出会ったときでした。静岡で板金加工を手がけている山崎製作所という町工場の社長、山崎かおりさんです。

静岡県立大学では、数年前から「ＳＤＧｓサロン」という場を設けて、各界から講師を招いています。彼女もそのひとりだったのですが、板金とＳＤＧｓに何の関係があるのか最初は想像がつきませんでした。しかしお話をうかがってみると、彼女が取り組んでいるのは、まさに「従業員のやりがいアップ」だったのです。

山崎さんは、お父さんから家業の工場を引き継いだ二代目社長。社長になった当時は、熟練の職人さんたちから「娘なんかにこの仕事の何がわかるんだ」と、かなり冷たくされたようです。しかも「所詮、わしらは下請けの板金屋だから、何をやったところでちっとも儲からん」というボヤキばかり聞こえてくる。士気も意欲も低く、会社全体にひどく暗い雰囲気が漂っていたといいます。

そこで山崎さんは、思い切った手を打ちました。板金を使ったアクセサリーの自社ブランドを立ち上げたのです。その名も（社長は二代目ですが）「三代目板金屋」。もちろん、板金を使うといっても、それまでは下請け業務ばかりだったのですから、いくら腕のいい職人がいてもオリジナルのアクセサリーはつくれません。そのため山崎さんは、アクセサリーの企画やデザインのできる若い女性社員を採用しました。

そんなことを急に二代目の女性社長が始めたら、昔気質の職人たちがヘソを曲げるのでは……と心配する人もいるでしょう。でも、結果は逆でした。その仕事を始めてから、職人たちが生き生きとしてきたそうです。若い女性社員が「こんな形のものは難しいですか？」などと職人に相談すると、プライドを刺激されるのか、「いや、できるだろう」と要望に応えようとする。それで何とか形にしたアクセサリーが評判になって売れたりすると、自信がついてますますやる気になるわけです。

とはいえ、「三代目板金屋」ブランドはそれなりに話題になってよく売れてはいるものの、会社の柱になるほどの収益にはなっていません。会社の本業は、相変わらず昔ながらの下請け作業です。つまり、アクセサリーは副業みたいなもの。うまくいかなければ、いつでも縮小したり、仕切り直したりすることができる仕事です。

しかし、副業だからこそ楽しくやれるという面もあるでしょう。本業は好き嫌いにかかわらず「やらねばならぬ」ものですが、副業はやりたいことをやれます。いわば「遊び」の部分なので、自由度が高い。従業員にとっては、本業よりも楽しく、やりがいのある仕事になるのです。

本業だけでは変化に対応できない

いま紹介したのは会社として取り組む「副業」的な事業の例ですが、いわゆる「働き方改革」の一環として、最近は従業員の副業や兼業を認める企業が増えてきました。「給料は上げられないから、足りない分は自分で稼いでくれ」ということでは困りますが、個人の自由度を高めるという点では歓迎すべき変化でしょう。うまく使えば、従業員の幸福度を高めると同時に、会社という組織を強くすることができるはずです。

ひたすら株主の利益のために、「本業」という一方向のベクトルを大きくすることに邁《まい》進《しん》していると、ネットワークとしての組織は強くなりません。会社として、先行きの見えない不確実な世界に備えたいのであれば、本業の役に立つようには見えない、まったく方向性の異なる副業を楽しむ個人をたくさん抱えておくのがいいでしょう。

そもそも組織のトップである社長は、世界のすべてを見通すことなどできません。また、社員の行動を事細かに把握し、逐一指示できるわけでもないでしょう。ならば、社長が知らないところで社員たちがいろいろな世界とつながりを持ち、その視点を仕事に生かしてくれたほうが、会社は安定するはずです。

個々の従業員にとっても、そのほうがいいでしょう。ひたすら上からの指示を忠実に実行するだけでは、人間らしい幸福感は得られません。自分の感性と判断で行動できる部分を持てば、幸福感や充実感が得られ、仕事に対するやりがいも高まるのではないでしょうか。職種にもよるので一概には言えませんが、多くの場合、会社も従業員も損はしません。

同じような構図は、学術研究の世界にもあります。拙著『京大的アホがなぜ必要か　カオスな世界の生存戦略』（集英社新書）で語ったテーマなので、ここではあまり詳しくお話ししませんが、すぐに役に立ちそうな研究に資金を「選択と集中」するやり方は、まさに株主のために本業一本にしぼり込むようなもの。それを長く続けた結果、日本の学術研究は地盤沈下が進んでいます。

ですから、カオスな世界に対応するためには、いわば「副業」のような何の役に立つかわからない研究に取り組む人たちを大事にしなければいけません。それぞれの研究者が好き勝手なことをバラバラにやることで、誰も予想しなかったところでさまざまなアイデアが別のアイデアと結びつき、突如として役に立つイノベーションが起きたりするのが、学問の世界のネットワークなのです。「中心」からの指示や命令によって全体をコントロールできるようなものではありません。

企業の場合、本業がうまくいっているときは「これを続けて何が悪いのか」と思うでしょう。副業的な「遊び」を取り入れようとはしないでしょうし、従業員の副業や兼業も会社にとっては無駄なものにしか見えません。

でも、それを続けていると、いずれ変化に対応できなくなります。本業がうまくいかなくなったときに会社を支えてくれるのが、個々の自由度の高さ。カオスな世界では、これまでの成功体験をベースにして未来を考えてはいけません。むしろ失敗を前提に考えることが大事です。どんなに好調な企業にも、いつか必ず停滞期は訪れる。だから、失敗しても何とか持ちこたえられる構造にしておかなければならないのです。

「やりたいこと」を見つけられない若者たち

そして、自由度の高い集団をつくる上でとりわけ重要なのは、若い人たちの扱い方だと私は思います。長いあいだ京大で二〇歳前後の学生たちを定点観測してきた身から見ると、いまの若い世代の性質は昔とは大きく変わりました。

もちろん、若い世代の中にもいろいろなタイプがいますから、一概には言えません。しかし大勢の学生たちと長くつき合っていると、やはり全体的な傾向の変化は感じます。そうだとすれば、企業での若い従業員の扱い方にも、過去の成功体験が通用しないということになるでしょう。

本書のプロローグで、近年は京大の「自由の学風」が色褪せてきたという話をしました。「選択と集中」によって役に立ちそうもないオモロくてアホな研究がしにくくなったわけですが、学生たち自身にも、自分のやりたいことを自由にやろうとしない面があります。

昔の京大には、放っておいても好き勝手にアホなことをやる学生がたくさんいました。

でも、いまはそれがずいぶん減っています。「好きにやれ」と言っても、自分が何をやりたいのかわからないのです。

たぶん、子どもの頃からそういう経験をしていないのでしょう。周囲の大人が、なるべく失敗をさせないように育てているせいもあるかもしれません。成功率の高い選択肢を与えられながら育てば、自分から「これがやりたい」とはあまり思わなくなります。失敗するのは怖いので、うまくいくかどうかわからないことには手を出せません。

また、いまは若い人が見聞きする情報量が、昔よりもはるかに多くなりました。情報は少ないより多いほうがいいと思うかもしれませんが、それによって、逆に自分のやりたいことを決めにくくなっている面があります。

私の若い頃は情報が少なかったので、アレコレと迷うことなく、近くにあるものに手を出して「これが面白そうだから、とりあえずやってみよう」と決めることができました。やり方もよくわからないので、勝手にやってみるしかありません。

でも、そうやって工夫しながらやっているうちに、次第にそれが好きになっていきます。「好きなことをやる」というより、「自分で勝手にやり始めたことが好きになる」という感覚があったわけです。

でも、いまは「何をどうやるか」という情報がいくらでもあるので、どれが自分に向いているのかと考え始めると、なかなか決められません。判断材料がたくさんあるので、それをすべて勘案すれば、間違いのない「正解」が見つかるはずだと思い込んでしまうのでしょう。「やりたいこと」を選ぶというより、「やるべきこと」を選ぼうとしているようにも見えます。昔のように「やってみたら好きになった」という経験をしにくい環境なのかもしれません。

まずは情報を集めることが大事になっているせいか、いまの学生は私たち教員の言うことをよく聞きます。私自身もそうでしたが、昔の学生は基本的に先生の言うことなどほとんど聞いていませんでした。それで勝手なことをして失敗し、「だから言うたやろ……」と先生に呆《あき》れられる。昔はそれが平常運転でした。

でも、いまは違います。学生のほうから事前に「これをやってもいいですか？」と確認されることが増えました。「そんなの好きにやればいいだろう」と思うようなことでも、あらかじめお墨つきを得ないとやれないようです。

レールから外れることへの恐怖心

自分の「やるべきこと」を早く知りたがる学生も増えました。たとえば講義を始めて一回目や二回目の時点で、「期末レポートはどんなテーマになりますか?」「試験範囲はどこですか?」などと質問されることがよくあります。まだこちらもそこまで考えていませんし、決まっていたとしても教えるわけがありません。だから「講義をちゃんと聞いていれば大丈夫だから、そんなこと心配しなさんな」と答えるのですが、いまの学生は何事も早めに準備をしておきたいようです。

いちばん驚いたのは、実験の授業。学生をいくつかのグループに分けて、それぞれ何をやるかを話し合うところから始めるのですが、まだ実験装置をどうつくるかも決まっていない段階で、一生懸命に最後の発表に向けた準備をしている学生がいたのです。

昔の学生は、自分たちのやりたい実験をうまくやる方法を考えるのに夢中になってしまい、むしろ発表に必要な準備を忘れがちでした。だから、あらかじめ「装置の写真を撮っておくとか、発表のことも一応は頭に入れておけよ」と念を押していたぐらいです。

でもいまの学生は、まず「ゴール」をキレイにまとめることを考えるのでしょう。最後に正しい結果が出ることを想定して、そのための準備をしておかないと、安心できないのかもしれません。

当然、正しい準備をしたつもりでも、思いどおりの結果が出ないことはあります。でも、いまの学生はそこで「しゃあない」と気持ちを切り替えて、次に向かうことがなかなかできません。ひどく落ち込んで、「自分はもうダメだ」と頭を抱えてしまう学生の姿をよく見ます。「正しい結果を出さなければいけない」という気持ちが強いので、そのレールから外れることに恐怖心を抱いているのでしょう。

その背景には、自分自身の将来に対する不安があるのだと思います。高度経済成長期からバブル期までの若者は、学生時代に遊んでいても「卒業した後の人生は何とかなる」と思えるところがありました。まともに就職せず、フリーターのような生き方を選んでも「食べていけるだろう」と楽観できたのは、日本経済の見通しが明るかったからです。

でも、いまは正規雇用と非正規雇用の格差が大きく、多くの若者が「正社員」になれるかどうかに不安を感じている時代。まさに、自分が何をやりたいかを考える前に、就職という「正しい結果」を求めざるを得ないわけです。

そのプレッシャーが強いので、大学ではあまり遊んではいられません。就職活動を始めるタイミングもどんどん早まっており、大学一年生のうちから企業のインターンシップに応募する学生もめずらしくない状況になってしまいました。

そういう社会状況に置かれていれば、「やるべきこと」を早く察知して準備をしておきたくなるのも無理はないでしょう。「これをやっておかないと不利になる」という情報も、山ほど耳に入ってきます。そうやって、どんどん自分を既成の型にはめていかざるを得ないのは、なんとも気の毒でなりません。

前に、高大連携プログラムではSDGsをテーマにすると高校生の参加者を集めやすいという話をしました。ここにも、いまの若い世代の行動パターンが表れているような気がします。なにしろSDGsは、国連という権威がお墨つきを与えた「正しいゴール」を集めたもの。自分がそれをやりたいかどうかはともかく、安心して「自分のやるべきこと」だと思えるに違いありません。

でも、ここまでお話ししてきたとおり、それは決して絶対的な正しさではありません。

それなりに意義のあるものではあるけれど、自分自身を含めた人類が楽しく幸せに暮らすための道は、ほかにいくらでもあるでしょう。それを見つけるには、それぞれが自由に物事を考え、行動しなければいけません。だからこそ私は、学生たちがＳＤＧｓに過剰適応して暴走しないよう、「ぼちぼちやればええんやで」と軽くブレーキをかけようとしているわけです。

「出ない杭《くい》」の若手は管理職にとっては扱いやすいが

かつて日本の会社では、よく「出る杭は打たれる」と言われました。能力のある社員が、組織の習わしを無視して目立つことをすると、たとえそれが会社の利益になるものだとしても、周囲から叩《たた》かれる。日本社会では「長いものには巻かれろ」が世渡りの要諦（？）だったので、たとえ才能のある人材でも、個人のスタンドプレーは嫌われました。

とくに入社から間もない若手は、会社の風習に馴染んでおらず、生意気なことも言いがちです。会社の管理職にとっては、若い者が出すぎたことをしないように目を光らせるのがひとつの役目でした。ちょっとでも出る杭になったら、叩いて飼い慣らさなければいけない。勝手なことをしないように抑えつけてコントロールしなければならないのが、若者という存在だったわけです。

しかし、若い人たちの生き方はいろいろな意味で昔と大きく変わりました。最近は、「出る杭は打たれる」という言葉もあまり見聞きしなくなっています。

日本企業の体質もかなり変わってきたので、むしろ「出る杭」になりそうな人材を歓迎する風潮になっているという面もあるのかもしれません。でも、それだけではないでしょう。むしろ「出る杭」が目立たなくなったので、「そんなことをしていると打たれるぞ」と忠告する場面も少なくなったのではないかと思います。

いまの若い世代は、自分の「やるべきこと」を失敗なくやり遂げたい気持ちが強いので、わざわざ「これがやりたい」と自己主張して、出る杭になろうとはしません。しかも「人に迷惑をかけてはいけない」という意識も強く持っています。

ですから、おそらく多くの管理職にとって、若手社員は昔よりも扱いやすい存在になっているでしょう。上から抑えつけなくても、自己抑制しているので勝手なことはしない。その意味で、管理職は余計なトラブルを抱えずに過ごすことができます。

でも、それをいいことに、何もせずに若者を放っておくのは、会社にとって危険なことです。管理職にとっては波風が立たなくて安心かもしれませんが、上から「これをやれ」と言われたことだけを自分にとっての「正解」だと考える部下は、やはり頼りない。言われたことだけを従順にこなす社員ばかりになったら、その部署や会社が集団としての活力を失うのは目に見えています。

それを避けようと思ったら、出る杭を待っていてはダメ。いまの若い世代は「やりたいことをやってみろ」と上から鼓舞しなければ自分を出そうとしません。昔とは逆に、頭を出そうとしない杭を見つけて、それを引っ張り上げないといけないのです。

それができるようになるためには、組織の「秩序」に対する考え方をアップデートすることが必要でしょう。集団として行動する以上、会社には当然ながら秩序が求められます。これまでは、トップから現場までピラミッド型に築かれた上意下達のネットワークを維持するための秩序が重視されてきました。明確な目標に向かって、計画どおりに物事を進めるための秩序です。

しかし、何度もくり返し述べてきたように、スケールフリーネットワークを支配する秩序はそういうものではありません。そこでは、目標も計画もない自己組織化によって、安定した秩序が生まれます。それを持続するためには、ネットワークを構成する個々のノードが自由に行動する必要がある。そういうアクティビティのないネットワークは、カオスな世界を生き残ることができないのです。

若者に不寛容な社会は持続しない

言うまでもないことですが、これは企業だけに求められることではありません。個人の自由度を高めないとサステナブルにならないのは、社会というネットワークも同じこと。みんなを同じような型にはめてベクトルの向きを揃えようとする社会は、予測困難な世界に対して脆弱です。

これまで日本では、多くの人々がＳＤＧｓを環境問題への取り組みとして認識してきました。しかし、そうやってみんなで同じ方向に進むこと自体が、じつはサステナブルではありません。

もちろん、プラゴミ問題や温暖化問題に取り組む人が一定数いるのは結構なことではありますが、ＳＤＧｓはもっと多様な問題を扱うものです。地球環境の持続可能性だけを高めようとするものではありません。私たちの「現在」と「未来」を含めた暮らし全般を、サステナブルにするための試みです。ならば、それに取り組む人々のベクトルも多様なものでなければいけないでしょう。

さらに言えば、「ＳＤＧｓなんてオモロない」とそっぽを向く人がいても全然かまいません。むしろ、そのほうがいい。逆説的ですが、世界の持続可能性になど何の興味も関心も持たず、ただ自分のやりたいことをやり続ける人たちがいてこそ、世界はサステナブルなものになるのです。それぞれの個人が伸び伸びと自由に生きられない社会では、ＳＤＧｓなど（単なるキレイゴトどころか）絵に描いた餅にすぎません。

その意味で、レールから外れることの恐怖を感じさせるほど若い世代を追い込んでいる日本の社会は、自分たちの持続可能性をどんどん低下させていると言えるのではないでしょうか。ＳＮＳをはじめとするネット上の議論（というか言い合い）を眺めていても、バラバラな個人の多様性を認めようとしない言説が目立ちます。それぞれが、自分が正しいと信じる規範を他人に押しつけて、意見や考え方の異なる人を黙らせようとするのです。

多様性を認めれば認めるほど、世の中には自分にとって不愉快なものが増えていきますから、ある程度のケンカが生じるのはやむを得ないことでもあるでしょう。しかし、それも「ぼちぼち」にしておかないと、社会は自由度を失います。そのケンカもフィードバックループによって増幅していくので、いずれベクトルの向きが「右か左か」という二択だけにもなりかねません。誰にも社会の全体が見えていない以上、何が正しいのかはわからないのですから、不愉快な意見などにぶつかっても「人は人、自分は自分」と受け流すぐらいの柔軟な姿勢がほしいところです。

一方で、学生をはじめとする若い人たちには、そういう衝突を怖がってほしくありません。ベクトルの向きが異なれば、他人とぶつかるのは当然です。それはむしろ、自分が自由に生きていることの証拠。ぶつかったら「良い手応えを得た」と思うぐらいでちょうどいいでしょう。そういう手応えのない人生は、オモロくありません。

好き勝手にやっていれば、ちょっと周囲に迷惑をかけることもあるとは思います。でも、誰もひとりでは生きられない以上、社会ではそれも当たり前のこと。取り返しのつかない大迷惑はかけないよう、「ここまでは自由にやって大丈夫」というラインは知っておくべきですが、たいがいの迷惑は「ゴメンナサイ」で済むものです。そうやって失敗を重ねながらやり方を修正していくことで、「大丈夫なライン」も経験的にわかってくるでしょう。

若者が年寄りの言うことを聞かないものだからこそ、人類の文明は進歩してきたとも言えるでしょう。年寄りの言うことをハイハイと聞き入れる素直な若者ばかりになったら、人類の進歩は止まってしまうと思います。

だから大人たちも、若い人たちの失敗やそれによって受ける迷惑などに対して、寛容にならなければいけません。少子高齢化が進むばかりの日本社会で、未来を担う若い世代の自由度を奪うのは、ほとんど自殺行為みたいなものです。ＳＤＧｓの精神に賛同し、社会の持続可能性を高めたいと言うのなら、真っ先に考えるべきはそこ。それが、いま求められている大人のフンベツというものなのです。

終章　うんこ色のＳＤＧｓ

トイレは「サステナブル」なのか？

ＳＤＧｓが掲げる一七の目標の中には、こんなものがあります。

「安全な水とトイレを世界中に」（目標の六番目）

ある意味で、これはＳＤＧｓの抱える矛盾を象徴するような目標だと私は思っているのですが、なぜそんなふうに考えるのかわかるでしょうか。

私たち日本人は、もはやトイレのないところでは暮らせません。しかし世界には清潔なトイレが完備されておらず、不衛生な生活を余儀なくされている国もあります。なにしろ排便は毎日のことですから、これはじつに気の毒なこと。ほかと矛盾するどころか、むしろＳＤＧｓの中でも優先度の高い目標だと思う人が多いかもしれません。

たしかに、衛生環境を整えることは、「すべての人に健康と福祉を」という三番目の目標を達成する上でも重要です。まともなトイレの普及を待ち望んでいる人たちはたくさんいるはずですから、その要望に応えるのは急務でしょう。

しかしその一方で、「トイレなんかいらないよ」と言いたい人たちもいるかもしれません。近代文明の常識が、世界中に通用するとはかぎらないでしょう。

そもそもトイレや下水処理施設などが必要になったのは、人間が増えたからです。大昔の、人が少なかった時代は、トイレなど不要でした。そのへんの空き地で用を足していればすぐに土に還ったでしょうし、畑の肥やしとして活用することもできたわけです。いまもそうやって暮らしている人たちに近代的な最新型のトイレをプレゼントしても、どうしてそんなものが必要なのか、意味がわからないかもしれません。

しかも、そういう暮らし方はまさに「サステナブル」です。人間が食べて排泄したものが土に還って植物を育み、再び人間の食糧を生み出してくれる。自然な環境を守るというなら、これに勝る好循環はありません。

それに対して、トイレに流した排泄物はどうなるか。それを日頃から意識している人さえ、あまりいないでしょう。単に川や海に放流されていると思っている人が多いかもしれませんが、それは下水処理場でキレイにした水だけ。その過程で生じた汚泥は、廃棄物として焼却処理や埋め立てに回されたり、建築資材として再利用されたりしています。リンや窒素など植物の養分になる成分はその汚泥のほうに含まれているので、自然界には循環しません。養分の循環を止めているのが、トイレという文明の利器なのです。

SDGsの一七色を「循環」させると何色になるか

ちなみに日本には、そんなトイレ文明に背を向けて「糞土師《ふんどし》」を名乗り、野糞術《のぐそじゅつ》を追求する写真家がいます。茨城県出身の伊沢正名《まさな》さんという方です。

彼が代表を務める糞土研究会「ノグソフィア」のウェブサイトによると、一九七〇年、二〇歳頃のときに自然保護運動を始めた伊沢さんは、動植物の死骸や糞を分解して土に還し、新たな命に蘇《よみがえ》らせる菌類の働きに興味を持ちました。そして、屎尿《しにょう》処理場建設に反対する住民運動の身勝手さに憤りを感じ、一九七四年から「信念の野糞」を始めたといいます。処理場に反対するならトイレを使うべきではないだろう、というメッセージを込めていたのでしょう。それから二五年後の一九九九年には、年間野糞率一〇〇パーセントを達成したというのですから、大変なことです。

あまりにも極端な例ですから、ほかに真似《まね》のできる人は（少なくとも日本のような先進国には）いないだろうと思います。でも、本気で「サステナブル」な循環を突き詰めると、こういう行動こそが正しいということになる。これに比べたら、ＳＤＧｓのいう持続可能性など、まさに上《うわ》っ面《つら》だけの欺瞞に満ちたキレイゴトにすぎません。

菌類の働きに魅せられた伊沢さんは、のちにキノコ写真の大家としても有名になりました。キノコは「森の掃除屋」とも呼ばれる存在。二酸化炭素を吸った植物が生成した有機物を、森の中で最後に分解して水と二酸化炭素に戻すのがキノコだと言われています。自然界の循環を仕上げる立役者のようなものでしょう。

地味な存在でありながら、森の生態系にとっても重要な役割を果たすキノコは、多くのアーティストの興味を引くようで、キノコをモチーフにした作品も多くあります。私も、そんなアーティストがつくったキノコ型のブローチをひとつ持っていて、ＳＤＧｓ関連のイベントのときなどに、胸につけています。地味な茶色なので、一七色で彩られたＳＤＧｓのバッジのように目立つことはありません。

でも、こちらのほうがよほど「循環」や「サステナブル」の意味をよく表現しているのではないかと思います。あるとき、キノコブローチとＳＤＧｓバッジを見比べていた私は、こんな一句を思いついてしまいました。

ＳＤＧｓ　ぐるっと回せば　うんこ色

ＳＤＧｓの一七色は、あのバッジのように切り分けて環《わ》にすると、とてもキレイに見えます。でも実際は、それぞれの目標が個別に存在するわけではありません。それこそ「安全な水とトイレを世界中に」と「すべての人に健康と福祉を」という目標がお互いに関連しているように、一方で相乗効果を生み、他方では逆に矛盾もはらみながら、人類の持続可能性というコンセプトを軸につながっています。そして、物事がサステナブルであるためには、さまざまな形での「循環」という現象が欠かせません。ぐるぐると回らなければ成立しないのが、ＳＤＧｓというプロジェクトです。

ならば、あのバッジ自体をぐるぐる回して循環させたほうが、ＳＤＧｓの本質が表現されるのではないか。そんなイメージを持ってキノコブローチと見比べていたら、「ぐるっと回すと一七色が混ざって、うんこ色になるに違いない」と思えてきたわけです。

うんこがご馳走になるのが良い循環

一七色の絵の具をパレットで混ぜてみたことはないので、実際にそれがどんな色になるかはわかりません。それに、うんこの色も人それぞれ（？）です。決まった色はないでしょう。でも、一見すると誰の目にも鮮やかで美しいバッジを循環させたら、うんこ色になってほしい。いや、そうなるべきだとさえ思いました。

本書の冒頭でもお話ししたとおり、ＳＤＧｓは壮大な「キレイゴト」です。その意味で、一七色をキレイに並べたバッジはＳＤＧｓに似つかわしいと言えるでしょう。しかし、キレイゴトは所詮、キレイゴト。その背景には矛盾もあれば、政治的な打算もあります。決して単にキレイなだけではありません。じつは回すとうんこ色になると思ってみたほうが、SDGsと健全なつき合い方ができるでしょう。

ただし、うんこ色はSDGsの胡散臭《うさんくさ》さだけを表現するものではありません。ここまで本書を読み進めてきたみなさんはすでにおわかりだと思いますが、うんこは循環のシンボルのようなものです。土に還れば、植物にとっての栄養分になる。糞土師の伊沢さんも、「私のうんちは誰かのご馳走」とおっしゃっています。

私たちが呼吸や産業活動によって排出する二酸化炭素も、いわば「うんこ」のようなものでしょう。でも、それは植物にとっての「ご馳走」です。そして植物が「うんこ」のように排出する酸素は、私たちになくてはならない「ご馳走」になる。うんこがご馳走になり、ご馳走がうんこになるという循環によって、地球上の生命はサステナブルなものになっているわけです。

ただし、そのような自然界の循環は、いつも円滑に起こるわけではありません。たとえば生態系内での酸素と二酸化炭素の循環は、第一章でお話ししたとおり、二八億年ほど前に出現したシアノバクテリアが光合成の過程で酸素を吐き出すようになったときから始まりました。光合成によってエネルギーをつくる生物が現れたのは、偶然の進化によるものです。

そして、当初は毒ガスのようなものでしかなかった酸素を「ご馳走」としていただく生物が出現したのも、偶然でしかありません。もし私たちの祖先にあたる「酸素大好き」な生物が現れなければ、シアノバクテリアが吐き出した酸素はどこにも吸収されず、大気中にどんどんたまっていったでしょう。増えすぎた酸素のせいで、シアノバクテリアは窒息してしまったかもしれません。たまたま自分たちが出したものを引き受けてくれる生物が登場してくれたおかげで、好都合な循環が始まったのです。

そうやって偶然に左右されるのですから、当然、循環が滞って「うんこ」がたまっていくこともあります。二酸化炭素を封じ込めたまま地中に埋まっていた石油や石炭がそうでした。そこにたまっていた二酸化炭素が循環を始めたのは、たまたま人間がそれを燃料として使うことを思いついたからです。

SDGsはゴールではなくスタートライン

人間の使用によって循環が始まったのは、化石燃料だけではありません。たとえば、南米やオセアニア諸国で採掘される「グアノ」をご存じでしょうか。ケチュア語という言語で「糞」を意味する言葉です。鳥やアザラシなどの糞が化石化したもので、窒素鉱物やリン酸などを多く含むので、肥料の資源として利用されています。

これも、人間がその使い道に気づかなければ、何の役にも立たない文字どおりの「うんこ」としてたまる一方だったでしょう。しかしその価値に気づいた人間は、貴重な資源を奪い合って「グアノ戦争」まで起こしました。つまり「うんこ戦争」です。長いあいだ、ひたすらため込むことで先送りにされていたうんこの循環が、戦争を起こすほどの勢いで急に回り始めるのですから、本当に世の中は何が起こるかわかりません。

化石燃料やグアノのケースを見れば、自然界の循環が何の計画性もなく偶然に起こるということがよくわかるでしょう。私たち人類が知恵をしぼり、地球環境をサステナブルにするための計画を立てても、長い目で見ればコントロールしきれるものではありません。

たとえば私たちはいま、第二章でお話ししたように、廃プラスチックをどうやって循環させるかに頭を悩ませています。しかし放っておいても、自然界はそれをぐるぐると回し始めるかもしれません。私は廃プラスチックの埋め立てを批判的に語りましたが、もしかすると一万年後か一〇万年後には、地中に埋まったプラスチックを「ご馳走」として吸収し、生分解する生物が登場しないともかぎらない。荒唐無稽な話に聞こえるかもしれませんが、石油や石炭やグアノで実際にそれをやったのが私たち人間です。

地球環境は、突拍子もない新参者のおかげで、たまっていた「うんこ問題」を解決してきました。もちろん、解決しようがしまいが地球にとってはどうでもいいことではありますが、資源の循環は地球で暮らす生物に大きな影響を与えます。でも、それがいくらか滞ったとしても、いずれたまった「うんこ」に適応する何者かが現れて、循環を後押ししてくれる。自然界は、そんなふうに自己組織化されているのでしょう。

それに、SDGsでは「地球一個分」の資源をいかに循環させるかを考えていますが、何をもって「一個分」とするのかも定かではありません。「グローバル・フットプリント・ネットワーク」という非営利団体の試算によると、二〇二二年の時点で人類社会は地球の再生能力の一・七五倍の資源を消費しているそうです。しかしこれは、現在の私たちが「使える資源」として把握しているものだけを見て、計算しているだけのもの。その計算ではたしかに資源が足りなくなるわけですが、いつか資源として使えるものが、どこかに「うんこ」としてたまっている可能性もあるでしょう。化石燃料にしても、一九七〇年代には「二一世紀を迎えるまでに枯渇してしまう」と言われていましたが、まだ残っています。シェールガスという新しい天然ガス資源の開発も進みました。

また、資源が減ったとしても、人間の数が減れば帳尻は合うでしょう。短期的には、人口減少は国力を低下させますし、社会の年齢構成も一時的にはアンバランスになるので、あまり歓迎できることではありません。しかし長期的に見れば、それによって「地球一個分」の資源がうまく循環し、サステナブルな社会が実現する可能性もあるわけです。

いずれにしろ、地球環境に「こうあらねばならぬ」という正解はありません。その時々で「うんこ」をためたり、それを再循環させたりしながら、生物にとっての「現在のニーズ」を満たすように辻褄が合っていくのが、地球環境というものです。

ですから、SDGsの一七の「ゴール」も、目指すべき正解では決してありません。しかし、自然界が先送りしてきた「うんこ問題」が結果オーライで解決するように、いまの私たちが少しでも楽しく幸福に暮らせるよう、破滅的な事態の発生を先送りにして、時間稼ぎをすることはできるでしょう。その意味で、ＳＤＧｓは目指すべきゴールではなく、私たちが生き方を見直すためのスタートラインなのだと思います。

註

第二章

＊1　「焦点：行き場失った欧州の『廃プラ』、中国輸入停止で対応苦慮」ロイター、二〇一八年五月一九日　https://jp.reuters.com/article/environment-plastics-idJPKCN1II0G7

第三章

＊1　田中博「科学は嘘をつかない。でも科学者は嘘をつく」、「日経ビジネス」二〇二二年七月一三日　https://business.nikkei.com/atcl/gen/19/00462/070700008/

＊2　田中博「地球温暖化のハイエイタスが自然変動によるものならば人為起源の温暖化の将来予測は過大評価となる」（特集 今、地球はどうなっているのか？「地球規模の環境問題」）、「伝熱」No.226、二〇一五年一月号、日本伝熱学会

URL最終閲覧日　二〇二三年三月七日

図版作成・レイアウト／ＭＯＴＨＥＲ
構成／岡田仁志

酒井 敏（さかい さとし）

一九五七年、静岡県生まれ。元京都大学大学院人間・環境学研究科教授。静岡県立大学副学長。専門は地球流体力学。大学の未来に危機感を抱き「京大変人講座」を開講し、話題を呼ぶ。著書に『野蛮な大学論』（光文社新書）、『京大的アホがなぜ必要か カオスな世界の生存戦略』（集英社新書）、『都市を冷やすフラクタル日除け』（成山堂書店）。共著に、『京大変人講座』『もっと！ 京大変人講座』（ともに三笠書房）。

カオスなSDGs グルっと回《まわ》せばうんこ色《いろ》

集英社新書一一五九B

二〇二三年四月二二日 第一刷発行

著者……酒井《さかい》 敏《さとし》
発行者……樋口尚也
発行所……株式会社集英社
東京都千代田区一ツ橋二-五-一〇 郵便番号一〇一-八〇五〇
電話 〇三-三二三〇-六三九一（編集部）
〇三-三二三〇-六〇八〇（読者係）
〇三-三二三〇-六三九三（販売部）書店専用

装幀……原 研哉
印刷所……大日本印刷株式会社 凸版印刷株式会社
製本所……加藤製本株式会社

定価はカバーに表示してあります。

ISBN 978-4-08-721259-4 C0236

Printed in Japan

集英社新書　好評既刊

政治・経済――A

「憲法改正」の真実　樋口陽一／小林節
世界を動かす巨人たち〈政治家編〉　池上彰
安倍官邸とテレビ　砂川浩慶
普天間・辺野古　歪められた二〇年　宮城大蔵／渡辺豪
イランの野望　浮上する「シーア派大国」　鵜塚健
自民党と創価学会　佐高信
世界「最終」戦争論　近代の終焉を超えて　内田樹／姜尚中
日本会議　戦前回帰への情念　山崎雅弘
不平等をめぐる戦争　グローバル税制は可能か?　上村雄彦
中央銀行は持ちこたえられるか　河村小百合
近代天皇論　――「神聖」か、「象徴」か　片山杜秀／島薗進
地方議会を再生する　相川俊英
ビッグデータの支配とプライバシー危機　宮下紘
スノーデン　日本への警告　エドワード・スノーデン／青木理　ほか
閉じてゆく帝国と逆説の21世紀経済　水野和夫
新・日米安保論　柳澤協二／伊勢﨑賢治／加藤朗
世界を動かす巨人たち〈経済人編〉　池上彰
アジア辺境論　これが日本の生きる道　内田樹／姜尚中
ナチスの「手口」と緊急事態条項　長谷部恭男／石田勇治
「在日」を生きる　ある詩人の闘争史　金時鐘／佐高信
改憲的護憲論　松竹伸幸
決断のとき――トモダチ作戦と涙の基金　小泉純一郎　取材・構成　常井健一
公文書問題　日本の「闇」の核心　瀬畑源
大統領を裁く国　アメリカ　矢部武
国体論　菊と星条旗　白井聡
広告が憲法を殺す日　本間龍／南部義典
よみがえる戦時体制　治安体制の歴史と現在　荻野富士夫
権力と新聞の大問題　望月衣塑子／マーティン・ファクラー
「改憲」の論点　木村草太／青井未帆　ほか
保守と大東亜戦争　中島岳志
富山は日本のスウェーデン　井手英策
スノーデン　監視大国　日本を語る　エドワード・スノーデン／国谷裕子　ほか
「働き方改革」の嘘　久原穏

a pilot of wisdom

国権と民権　佐高 信／早野 透
限界の現代史　内藤正典
除染と国家 21世紀最悪の公共事業　日野行介
安倍政治 100のファクトチェック　南 彰／望月衣塑子
「通貨」の正体　浜 矩子
隠された奴隷制　植村邦彦
未来への大分岐　マルクス・ガブリエル／マイケル・ハート／ポール・メイソン／斎藤幸平・編
「国連式」世界で戦う仕事術　滝澤三郎
国家と記録 政府はなぜ公文書を隠すのか？　瀬畑 源
水道、再び公営化！ 欧州・水の闘いから日本が学ぶこと　岸本聡子
改訂版 著作権とは何か 文化と創造のゆくえ　福井健策
朝鮮半島と日本の未来　姜 尚中
人新世の「資本論」　斎藤幸平
国対委員長　辻元清美
アフリカ 人類の未来を握る大陸　別府正一郎
〈全条項分析〉日米地位協定の真実　松竹伸幸
日本再生のための「プランB」　兪 炳匡

新世界秩序と日本の未来　内田 樹／姜 尚中
世界大麻経済戦争　矢部 武
中国共産党帝国とウイグル　橋爪大三郎／中田 考
安倍晋三と菅直人　尾中香尚里
ジャーナリズムの役割は空気を壊すこと　森 達也／望月衣塑子
代表制民主主義はなぜ失敗したのか　藤井達夫
会社ではネガティブな人を活かしなさい　友原章典
自衛隊海外派遣 隠された「戦地」の現実　布施祐仁
北朝鮮 拉致問題 極秘文書から見える真実　有田芳生
アフガニスタンの教訓 挑戦される国際秩序　山本忠通／内藤正典
原発再稼働 葬られた過酷事故の教訓　日野行介
北朝鮮とイラン　福原裕二／吉村慎太郎
歴史から学ぶ 相続の考え方　神山敏夫
非戦の安全保障論　柳澤協二／伊勢崎賢治／加藤 朗／林 吉永
西山太吉 最後の告白　西山太吉／佐高 信
日本酒外交 酒サムライ外交官、世界を行く　門司健次郎
日本の電機産業はなぜ凋落したのか　桂 幹

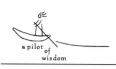

社会――B

a pilot of wisdom

LGBTとハラスメント　神谷悠一／松岡宗嗣
変われ！ 東京 自由で、ゆるくて、閉じない都市　隈 研吾／清野由美
東京裏返し 社会学的街歩きガイド　吉見俊哉
人に寄り添う防災　片田敏孝
プロパガンダ戦争 分断される世界とメディア　内藤正典
イミダス 現代の視点2021　イミダス編集部・編
中国法「依法治国」の公法と私法　小口彦太
福島が沈黙した日 原発事故と甲状腺被ばく　榊原崇仁
女性差別はどう作られてきたか　中村敏子
原子力の精神史――〈核〉と日本の現在地　山本昭宏
ヘイトスピーチと対抗報道　角南圭祐
世界の凋落を見つめて クロニクル2011-2020　四方田犬彦
「自由」の危機 ――息苦しさの正体　藤原辰史／内田 樹ほか
「非モテ」からはじめる男性学　西井 開
妊娠・出産をめぐるスピリチュアリティ　橋迫瑞穂
マジョリティ男性にとってまっとうさとは何か　杉田俊介
書物と貨幣の五千年史　永田 希

インド残酷物語 世界一たくましい民　池亀 彩
シンプル思考　里崎智也
韓国カルチャー 隣人の素顔と現在　伊東順子
「それから」の大阪　スズキナオ
ドンキにはなぜペンギンがいるのか　谷頭和希
何が記者を殺すのか 大阪発ドキュメンタリーの現場から　斉加尚代
フィンランド 幸せのメソッド　堀内都喜子
私たちが声を上げるとき アメリカを変えた10の問い　和泉真澄／坂下史子ほか
「黒い雨」訴訟　小山美砂
差別は思いやりでは解決しない　神谷悠一
ファスト教養 10分で答えが欲しい人たち　レジー
非科学主義信仰 揺れるアメリカ社会の現場から　及川 順
おどろきのウクライナ　橋爪大三郎／大澤真幸
対論 1968　笠井 潔／絓 秀実
武器としての国際人権　藤田早苗
小山田圭吾の「いじめ」はいかにつくられたか　片岡大右
クラシックカー屋一代記　涌井清春／金子浩久 構成

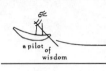